张映勤 著

鲁迅新观察

LUXUNXIN GUANCHA

"不懂鲁迅就不懂中国",鲁迅研究是中国一大显学。80多年有关著作文章汗牛充栋,鲁迅被神话政治化的倾向十分严重。鲁迅研究,关键是要还原鲁迅、走近鲁迅,要讲真话、一个真实可信、有血有肉、有情有义的鲁迅才是我们最需要的。

中国文史出版社

目 录

CONTENTS

鲁迅兄弟反目探微

多年来，鲁迅"兄弟失和"的话题一直是鲁研界的一大疑案，两个志同道合、感情深厚的亲兄弟为什么会突然间分道扬镳、手足情断？两个当事人——鲁迅（周树人）和周作人始终回避这个话题，相关人士对此讳莫如深、守口如瓶，更增加了事件的神秘性。我看过不少相关的材料和分析文章，但都各执一端，很难让人信服。有些人出于维护鲁迅的立场，谈到关键问题时总是闪烁其词，为尊者讳；有些人则对此津津乐道，凭空想象，捏造虚构，对鲁迅进行攻击栽赃。

实事求是地讲，"兄弟失和"这个问题，属于"天知、地知、你知、我知"的私密话题，当事人双方不站出来说话，旁人是不可能说清楚的。但是我们可以通过史料分析、当事人的回忆，力图接近事实，破译事件背后的一些东西。

1. 平静中潜藏着危机

鲁迅和兄弟周作人绝交的发生地是在他们居住的北京西城区西直门内公用库八道湾胡同十一号，那我们就先从八道湾说起。

鲁迅是一九一二年五月随中华民国临时政府教育部从南京迁到北京工作，周作人是一九一七年四月到北京大学任教，兄弟二人当时在北京没有买房子，寄居在绍兴会馆的补树书屋，家属都在绍兴老家。一九一九年，两个人工作稳定，收入颇丰，而老家绍兴新台门的周氏旧宅又要卖出，这一年年底必须搬离，于是他们产生了在北京买房、接全家人定居北京的打算。

鲁　迅

在买房子的问题上，鲁迅和周作人最初的想法不完全一致。作为兄长，鲁迅是希望将绍兴老家聚族而居的方式移植到北京，兄弟三人（另有三弟周建人）一家和老母亲一同生活，和睦相处，其乐融融。周作人受日本太太羽太信子的影响，希望能独立门户，单独生活。当然，最后他们还是尊重了大哥鲁迅的意见，全家合买一处宅院，过着绍兴台门里的大家庭生活。

当时北京的房子以四合院为主，大小不一，星罗棋布。为此鲁迅费尽了周折，最终买下了一处大房子，这就是北京西直门内公用库八道湾胡同十一号院。

鲁迅在日记中记载："拟买八道湾罗姓屋"（一九一九年七月二十三日），"买罗氏屋成"（一九一九年九月十九日）。经过装修后，十一月二十一日鲁迅和周作人一家"移入八道湾宅"。十二月二十九日鲁迅从老家绍兴接母亲、妻子和三弟周建人全家赴京入住其中。

八道湾胡同十一号院原来是罗姓的一处坐北朝南的大宅

院，院子分为前、中、后三进，外加一个西跨院。空地较多，便于孩子活动。鲁迅购房后，对房屋进行了必要的修缮。

当时居住的情况是：鲁迅的书房和卧室开始先在中院西厢房三间，后来改住前院前罩房中间的一套三间房子，以便于静心写作；鲁迅的母亲鲁瑞和妻子朱安住在第二进中院正房的东、西两间；后院第三进的房子最好，周作人一家住后院北房的西侧三间；周建人一家住后院中间的三间；东侧三间是客房，他们的日本妻子羽太信子、羽太芳子名为妯娌，实为姐妹，生活方式生活习惯比较接近。

当时鲁迅在教育部当科长，月收入三百大洋，周作人在北京大学当教授，月收入二百四十大洋，周建人暂时没有收入，先在

周作人

北京大学旁听，后于一九二一年九月只身到上海商务印书馆当编辑，留下妻子儿女在八道湾生活。

鲁迅和妻子朱安感情不和，长年异地生活，偶在一起也处于分居状态，到北京后仍然未与妻子同居。鲁瑞喜欢朱安做的家乡菜，两个人生活习性相近，在中院吃饭，朱安负责照顾婆婆的日常起居。鲁迅后来则干脆入伙后院，与周作人一家同吃日本餐。

八道湾里兄弟三家和睦相处，有钱大家花，有饭大家吃，表面上风平浪静，兄弟怡情，一片祥和，暗地里却潜伏着危机，这种聚族而居的平静生活维持了三年多时间。

一九二三年七月十四日，表面上和睦的家庭终于出现了终身无法弥补的裂痕。鲁迅与周作人关系破裂，反目成仇。鲁迅在这一年七月十四日的日记中记下了如下一笔：

> 十四日　晴。午后得三弟信。作大学文艺季刊稿一篇成。晚伏园来即去。是夜始改在自室吃饭，自具一肴，此可记也。

三弟即周建人，当时只身在上海商务印书馆当编辑，鲁迅看信写稿会朋友，看似很平常。但重点在最后一笔：从这一天晚上开始改在自己的屋里吃饭。为什么平时好好地和二弟一家在一起吃饭，却改成了自己吃了呢？而饭菜很可能不再由后院提供，而是夫人朱安做的。

羽太信子与周作人

这一天到底发生了什么？鲁迅虽然没有做详细的记录，但却写了一笔"此可记也"，说明心里相当在乎这件事。周作人在这一天的日记中没有提及此事，此中必有难与人言的隐情。

我们知道，鲁迅不仅不是白吃饭，而且是交了大笔钱的，他的工资当时比周作人要高，大洋三百，周作人是大洋二百四十块，鲁迅还有稿费、讲课费的收入，即使不是全部拿出来养家，以他一贯的做法，交家里的生活费一定占有相当可观的比例。周作人不仅比他挣得要少，而且家累负担也重，还有三个孩子，而这时周家主持家政财政大权的既不是鲁迅的母亲鲁瑞，也不是鲁迅的妻子朱安，而是弟妹

——周作人的日本妻子羽太信子。按常理说，像鲁迅这样一位财神爷，请都请不来，哪有往外赶的道理？所以问题不应该出在经济上，而是在其他方面。这种突然的变化，不知他对母亲鲁瑞、妻子朱安如何解释。

这一年鲁迅四十二岁，周作人三十八岁，羽太信子三十五岁。

此后的五天，我特意查过当年的气象记录，七月中下旬的北京一直在下雨，鲁迅在这几天的日记中写的文字简略，但都记下了气候变化。天气闷热，又阴雨连连，加上家里突然发生的这种变化，八道湾十一号周宅的家庭气氛肯定是紧张压抑得让人喘不过气来，这一切肯定让鲁迅心烦意乱，坐立不安。

到底发生了什么事？我们不得而知，我们只知道八道湾从七月十四日那天起潜藏着一种危机，兄弟俩突然不在一个桌子上吃饭了。这之前，没有任何征

羽太信子

兆，两个人的关系较一般的兄弟更为密切：相同的家庭、相同的成长经历、相同的教育背景、相同的志趣爱好、相同的社交圈子，两个人在日本和北京时期曾同屋而居很长时间。就在事发前的一九二三年上半年，兄弟俩还经常在一起，宴请朋友、出席聚会、带孩子逛公园、"小治肴酒共饭"等等，十天以前的七月三日，两个人还同去东安市场、东交民巷书店、山本照相馆等处逛街购书，这些，在鲁迅的日记中都有记载。兄弟之间

没有任何产生矛盾相互疏远的迹象。十四日这一天是转折点、导火索，引爆了他们之间潜在的矛盾。

2. 一封意想不到的绝交信

果然在五天以后的七月十九日上午，周作人亲自到鲁迅屋里送来一封自己写的信，外面写着"鲁迅先生"，信的内容如下：

鲁迅先生：

我昨天才知道——但过去的事不必再说了。我不是基督徒，却幸而尚能担受得起，也不想责谁——大家都在可怜的人间。我以前的蔷薇色的梦原来却是虚幻，现在所见的或者才是真的人生。我想订正我的思想，重新入新的生活。以后请不要再到后边院子里来。没有别的话。愿你安心、自重。

七月十八日，作人。

周作人的这封信，是他自己在十九日上午拿到鲁迅房间的。鲁迅看了信后，"邀欲问之"，周作人没有理会，鲁迅也没有再去沟通。

收到这封绝交书，鲁迅在当天七月十九日的日记中记下一笔："上午启孟自持信来，后邀欲问之，不至。"启孟即周作人。

下面我们来逐句分析这封信背后透露的一些信息：

"我昨天才知道——但过去的事不必再说了。"

这说明周作人是突然知道的，是有人告诉他的，这个人应该就是他的日本妻子羽太信子。至少从七月十四日不让鲁迅在后院吃饭那天起，羽太信子便开始逐步向周作人透露了一些事情，直到昨天——十八日才断断续续地说清楚。大哥好好地在后院入伙吃饭，突然不让人家来了，羽太信子必须要给丈夫一个交代，找一个合适的理由。至于她说了什么？过去发生了什么事？周作人没有明说，但肯定自以为是有辱于他、让他难以忍受、难以启齿的所谓大哥对妻子有"失敬"之事。

"我不是基督徒，却幸而尚能担受得起……"

基督徒以仁爱、慈善、忍耐、平和著称，上帝说："只是我告诉你们，不要与恶人作对。有人打你的右脸，连左脸也转过来由他打。"周作人这句话的意思无非是说，如果我不能担受不能忍受，后果将不堪设想，至少事态不会像写一封绝交书这样简单，说明他认为知道的事情性质是非常严重的。

"我以前的蔷薇色的梦原来却是虚幻，现在所见的或者才是真的人生。"

"蔷薇色的梦"，就是梦想三兄弟住在一起和睦相处，永不分家，重现老家聚族而居其乐融融的景况，现在无情的现实摆在那，理想破灭了，梦想是虚幻的，而现实残酷无情。到底发生什么事，周作人只字未提。

"订正我的思想，重新入新的生活。"

意思是说看破了虚幻的伪装的现实，周作人决意改变自己以往理想化的想法、态度，与大哥决裂，换一种活法，走自己的路。

"以后请不要再到后边院子里来。没有别的话。愿你安心、自重。"

这是周作人与大哥鲁迅绝交，下逐客令，不让鲁迅以后再到自己房里，甚至不屑再说什么。最后又用了"安心、自重"四个字，大哥鲁迅有什么对不起他的，有什么不安心的、有什么不自重的行为非要让你当弟弟的指教呢？显然周作人的话里有话，气愤已极。

鲁迅接到这封信肯定有如三九天冷水泼头，浑身发冷，这种语气、这种措辞简直是可忍孰不可忍，但是，让人难以理解的是他没有做出任何激烈的反应，而是默默地忍受了。他本想找二弟解释一番，"邀欲问之，不至"，很可能让佣人到后院找过周作人，但对方不来，他也不能去，只好不再坚持。

周作人的这封信话里有话，语气冷硬，按理说鲁迅受到误解，你不来我也要找上门去说清楚，至少应该写一封信为自己辩解清白，自己不去送也可以派佣人送去，但是他没有这样做。

以鲁迅的性格，疾恶如仇，锱铢必较，与对手论战决不手软，声称对敌人"一个也不宽恕"，岂是轻易会让人误解污蔑的，这一次却破天荒地忍下来。兄弟无情，发难在先，他不会光是为了顾及情面，就作沉默状吧？！很可能事情严重到了难以解释的地步。

我们再来看看这一天周作人是怎样记录此事的。

查《周作人日记》影印本，一九二三年七月十七日：

> 阴，上午池上来诊。下午寄乔风函件，焦菊隐、王懋廷二君函。七月小说月报收到。得玄同函。

记到此处戛然而止，在与"十八日"日记之间，空了一行，周作人在这里动了剪刀，剪了大约十个字。在这么重要的时间节点上，在给大哥绝交信的当天，他的日记破天荒地突然剪掉了一处，而且是唯一的一处，是什么不为人知的内容呢？

直到二十世纪六十年代，周作人在他的《知堂回想录》《一四一不辩解说（下）》中才就此事做了简要说明：

> 关于那个事件，我一向没有公开的说过，过去如此，将来也是如此，在我的日记上七月十七日项下，有剪刀剪去了原来所写的字，大约有十个左右。

这一天的日记，周作人肯定记下了与鲁迅失和事件有关的文字，为什么要剪掉？很明显，他有难言之隐，不想让任何人知道其中的隐情。

但细读这则日记你会发现第一句"上午池上来诊"，十四日之后的十五日、十六日两天周作人的日记中都有"池上来诊"的记录。

池上是日本医生，羽太信子生病一般都是请他来看，那几天八道湾后院肯定气氛紧张、压抑，很可能羽太信子情绪激动，受到了什么刺激，和周作人说了什么话以后精神变得恍惚，癔症的老毛病又发作了。

我们从时间上可以推断，"过去的事"发生在七月十四日以前，其后几天，信子很可能处于病中，情绪不稳定，她是断断续续、一点一点向丈夫透露实情的，至十八日，周作人得知了大部分所谓的真相，怒不可遏，于是愤而采取行动，与大哥果断绝交。七月十九日，他在日记中有"寄乔风、凤举函。鲁迅函"的记载。给鲁迅的函就是绝交信。

十四日，鲁迅改在自己屋里吃饭，这是一件看起来相当严重的事，三天里他却没有问为什么？是不太清楚发生了什么事？还是有所预料，静观事态的发展？从十九日鲁迅接到绝交信的反应看，后者的可能性大一些。

3. 鲁迅的异常反应

鲁迅的反应是不解释，不沟通，马不停蹄，选择逃避，匆匆忙忙托人为其找房，决定尽快搬出八道湾。周作人的信里没说让他搬出去，只说"以后请不要再到后边院子里来"，是鲁迅自己做的这种决定。

八天后的七月二十六日，"上午往砖塔胡同看屋，下午收拾书籍入箱"，那几天忙于整理书籍衣物后，八月二日下午，鲁迅便"携妇迁居砖塔胡同六十一号"。

周作人得知大哥搬走，只在日记中记了一笔："下午L夫妇移住砖塔胡同。"L指的就是鲁迅。

从收到绝交信到搬离八道湾，兄弟俩没有再做任何交流沟通，个中原因想必是心照不宣、各自清楚的，只用了十二三天的时间，鲁迅便完成了从找房、看房、收拾东西、搬家的全过程，时间不可谓不仓促。他苦苦经营、亲自选中、精心修缮的八道湾周氏大宅门就因为兄弟这样一封绝交信而灰头土脸、匆匆忙忙地离开了。这至少说明兄弟之间的矛盾已经严重到了不可化解、水火不容的地步，鲁迅在自己占有相当产权的八道湾住不下去，必须搬离了。

此时鲁迅的心情想必是复杂沉重、相当痛苦的，其中的原因实在难与人言。与周作人的决裂，是他人生经历中最沉痛的打击。我们不知道到底发生了什么，但是我们要问，为什么搬出去的不是周作人而是鲁迅？房子是鲁迅操持买的，历尽周折，费尽精力；他是主要的出资人，事实上拥有大部分的产权份额；找房、买房、修房，到千里之外的故乡绍兴接家人迁居北京，都是鲁迅忙前忙后亲力亲为的,二弟周作人基本上是坐享其成。从情理上讲,兄弟之间闹矛盾住不到一块,要搬出去的也应该是二弟周作人一家。匆匆做此决定,仅仅是因为鲁迅的大度宽容、念及兄弟之情吗?原因肯定要比这复杂得多。兄弟俩的矛盾已经深到不能见面,不能沟通,不能在一个院里生活的严重地步,已经激化到鲁迅必须急匆匆地搬出八道湾。

直到一九六四年十月,八十岁高龄的周作人在与香港翻译家鲍耀明的通信中才勉强谈及此事,他解释说:

> 昨日收到《五四文坛点滴》,谢谢。现已读了十之八九,大体可以说是公平翔实,甚是难得。关于我与鲁迅的问题,亦去事实不远,因为我当初写字条给他,原是只请他不再进我们的院子里就是了。

赵聪写的《五四文坛点滴》一书是香港友联出版社一九六四年六月出版的,其中有一篇《鲁迅与周作人》的文章,记载了兄弟失和的一些内容,文章不长,重要的是这样一段话:"许寿裳说过,他们兄弟不和,坏在周作人那位日本太太身上,据说她很讨厌她这位大伯哥,不愿同他一道住。"

周作人此后又两次在写给友人鲍耀明的信中基本上认同作者引述许寿裳的说法:兄弟失和的主要原因,是羽太信子讨厌大伯哥鲁迅,不愿意和他同住。至于为什么不愿意?周作人没有说,他只说当初并没有要把鲁迅逐出八道湾的意思,事实上,即使他想这么做,鲁迅硬是不搬,他也没有办法,因为八道湾的房产是全家共同买下的。

当年购买的八道湾十一号院,用现在的话说是一处二手房,房款是三千五百大洋,中保人酬金,也就是中介费一百七十五元,加上手续费、改建装修费等共计大洋四千三百八十五元一角。这笔钱在当年价值不菲，主要资金为变卖绍兴周家新台门老宅所得，加上鲁迅和周作人多年的积蓄、贷款、朋友挪借等等，总之也是七拼八凑才买的房子。宅院的房产主写的是周树人（鲁迅）的名字，虽然房契写明房产共分为四份，母亲鲁瑞和三个儿子周树人、周作人、周建人各占一份，但事实上鲁迅是出资最多，出力也最多的，周作人没有理由也没有权力将他赶出去。鲁迅急急忙忙搬走自然有他非搬不可的原因。

周作人的绝交信让他的大哥措手不及，鲁迅几乎在八道湾一天也待不下去了，最后被迫"携妇迁居"，搬了出去。

兄弟失和，对鲁迅的打击是巨大的，他的恶劣情绪长期难以平复。这之后，他多次使用"宴之敖""敖者""宴敖""敖"等为笔名，以发泄心中的积郁愤怒。他自己解释说："宴从门（家），从日，从女；敖从出，从放；我是被家里的日本女人赶出来的。"他对弟媳羽太信子的怨恨始终难以释怀，刻骨铭心。

令人费解的是，一个日本女人、弟媳，凭什么要和大伯哥水火不容，非要将他"赶"出家门呢？而鲁迅偏偏又不做回应反击，任人摆布欺负？

4. 移居砖塔胡同

家庭的突然变故，让鲁迅措手不及，他没有时间也没有财力在短时间内重新购房，只好通过熟人借住别人在砖塔胡同六十一号的三间空房。

搬出八道湾之前，妻子朱安的安置让鲁迅颇费心思。带她出去共同生活，鲁迅心里是极不情愿的，他宁可独身，也不想单独面对名义上的妻子，于是提出让朱安留在八道湾陪母亲，或是回绍兴娘家，由他出钱供养。这两种选择都是朱安无法接受的，丈夫搬出去，她自然应该跟着走，烧饭、缝补、洗衣、扫地、做家务……照顾丈夫的日常起居。无奈之下，鲁迅只好带着她一同住到了砖塔胡同，但夫妻关系没有得到改变，两个人仍旧各居一室。

这是鲁迅情绪最为低落的时期，二弟的绝情反目对他造成了致命的打击，在没有爱情的生活中，他对亲情看得很重，在所有亲人中，除了母亲，鲁迅与小他四岁的周作人的感情最好，两个人同样在绍兴三味书屋、南京水师学堂读过书，同样在日本留过学，同样在北京工作写作交友，长期吃住在一起，共同的爱好志趣、共同的观点、共同的朋友、共同的事业，周作人几乎是踏着他的脚步一路走来。

对弟媳羽太信子，鲁迅也付出了过多的关照。一九〇八年春天，周氏兄弟在日本留学期间，与许寿裳等五人租住在东京的一处宅子，取名为"伍舍"。二十岁的羽太信子当时是他们雇来打理杂务的下女，后与周作人恋爱结婚。信子家在日本属于社会底层，嫁给周家后，她的娘家得到过周氏兄弟许多帮助。尤其是鲁迅多次给信子家寄钱资助，和羽太家长期保持着通信联系。

据鲁迅日记记载，截止到一九一九年与羽太信子通信二十四封，寄钱二十次。就连买了八道湾十一号院的房子以后，考虑到信子、芳子姐妹都是日本女人，鲁迅特意把院里最好的房子让给她们，并进行了日式的改建装修，他对二弟周作人夫妻应该说是仁至义尽、恩重如山。没想到这次却祸起萧墙，兄弟之情断绝。这种突然的变故，前因后果，鲁迅肯定进行了长久地反思、痛苦地反思，好好的一对兄弟分道扬镳，闹到分手，以后亲人怎样相处，外人又会怎么看？更令他苦闷不堪的是心里的隐痛还没法与外人言说。鲁迅陷入深深的痛苦之中，几个星期后，他的肺病发作，病情严重，只能吃流质食物，前后为时一个半月之久。这时的他，可以说是"贫病交加、情绪低沉"。

因事发突然，鲁迅是在毫无准备的情况下被逐出了八道湾，手里没有多少积蓄，心情郁闷，情绪低落，一时也找不到合适的房子。仓促间通过熟人租住在砖塔胡同六十一号。熟人是他们的同乡、学生许钦文的四妹许羡苏，她一九二〇年从绍兴到北京报考学校，一度住在八道湾，与周家兄弟及全家关系很好。她的同乡、同学俞芬带着老二俞芳、老三俞藻姐妹，住着父亲朋友的房子，院子里有三间空房。鲁迅通过许羡苏帮助联系租住下来，月租八块钱。

砖塔胡同离八道湾不远，但房子逼仄破旧，三间房的面积加起来只有二十多个平方米。母亲鲁瑞那年六十六岁，身体还好。她喜欢朱安，心疼儿子，在八道湾身边连个说话的人都没有，颇感寂寞孤独，便时常到砖塔胡同来坐坐，有时也住在这里。三间小房，屋里挤得连放书的地方都没有。显然，这里并非久栖之地，作为长子，鲁迅觉得应该奉养母亲。

不久鲁迅就在不停地找房子。据这之后三个月的日记中记载，他外出看房子多达二十余次十几处。"小雨，午后与李姓者四近看屋。下午大雨。""下午与秦姓者往西城看屋两处。""下午同杨仲和看屋三处，皆不中意。"等等等等。有时得了病，发着烧，或有其他事情，但也不得不四处找房子。十月三十一日，终于选定了阜成门内西三条胡同二十一号房屋，房价八百元，虽不算贵，但是破烂不堪。鲁迅亲自设计，找人施工，事无巨细，奔波操劳，花了一千多块钱重新加以改建翻修。一九二四年五月二十五日，鲁迅携妻子朱安迁入新居。

5. 兄弟反目　大打出手

失和事件发生十个月以后，鲁迅有了新的住所，生活逐渐安定下来，情绪也稍加平复，便回到八道湾去取东西，没想到和周作人之间又爆发了一场更为激烈的冲突。

鲁迅在一九二四年六月十一日的日记中写道：

……下午往八道湾宅取书及什器，比进西厢，启孟及其妻子突出骂詈殴打，又以电话招重久及张凤举、徐耀辰来，其妻向之述我罪状，多秽语，凡捏造未圆处，则启孟救正之。然终取书、器而出。

这是兄弟失和后时隔十个月，鲁迅第一次也是最后一次回八道湾旧宅，肯定回的是自己的房间，绝不可能再到后院。

没想到周作人听说后与妻子信子赶到鲁迅的房间大吵大闹，还叫来了朋友。吵闹中，周作人甚至抄起桌上的一个一尺高的狮形铜香炉朝鲁迅头上打去。幸亏由别人抢下，否则后果不堪设想。

当时抢下香炉唯一在场的人是川岛（章廷谦），他是鲁迅和周作人共同的朋友，当年二十二岁的他刚从北京大学毕业，留校任校长办公室外交秘书，并兼哲学系助教，此时正借住在八道湾周宅的一间空房。后来他在《弟与兄》一文中回忆说：

其时，我正在八道湾宅的外院（前后共有三个院子）鲁迅先生曾经住过的房子里。就在那一日的午后我快要去上班的当儿，看见鲁迅先生来了，走进我家小院的厨房，拿起一个洋铁水杓（勺），从水缸中舀起凉水来喝，我要请他进屋来喝茶，他就说："勿要惹祸，管自己！"喝了水就独自到里院去了。过了一会，从里院传出一声周作人的骂声来，我便走到里院西厢房去。屋里西北墙角的三角（脚）架上，原放着一个尺把高的狮形铜香炉。周作人正拿着要砸去，我把它抢下了，劝周作人回到后院的住房后，我也回到外院自己的住所来，听得信子正在打电话。是打给张、徐二位的。是求援呢还是要他们来评理？我就说不清了。

川岛不懂日语，周作人夫妇"骂詈"的内容听不明白，等羽太信子的弟弟羽太重久及周作人的朋友张凤举、徐耀辰赶来以后他已经退场了。

鲁迅几乎受到了围攻，先是羽太信子谩骂，周作人帮腔，后又招来羽太重久、张凤举、徐耀辰助阵。张、徐二人都曾留日，当时在北京大学担任国文系教师，和周氏兄弟多有交往，与周作人的往还更密切一些，羽太信子说的日语，他们都能听懂。

关于此事，鲁迅没有再留下相关文字，许广平在《鲁迅回忆录》中说：

> 后来鲁迅也曾经告诉我，说那次他们气势汹汹，把妻舅重久和他们的朋友找来，目的是要给他们帮凶。但是鲁迅说，这是我们周家的事情，别人不要管。张徐二人就此走开。信子捏造鲁迅的"罪状"，连周作人自己都要"救正"，可见是经不起一驳的。当天搬书时，鲁迅向周作人说，你们说我有许多不是，在日本的时候，我因为你们每月只靠留学的一些费用不够开支，便回国作事来帮助你们，及以后的生活，这总算不错了吧？但是周作人当时把手一挥说（鲁迅学做手势）："以前的事不算！"

> （许广平著《鲁迅回忆录》，长江文艺出版社 2010 年版）

如果许广平的这段记载准确无误的话，以我的理解，这哪像是出自鲁迅之口，哪像是鲁迅在激愤之下的语言。

受到误解，事过十个月以后在自己的房间取东西，又受到周作人夫妻俩无端的辱骂，羽太信子述"罪状""多秽语"，周作人帮腔"救正"，甚至暴力相向。两个人蛮横无理、寻衅滋事，鲁迅应该义正词严、逐字逐句地加以痛斥反驳才对，但是却莫名其妙、软弱无力地说出这样的话，似乎"回国作事来帮助你们，及以后的生活"，就能抵消对方指责的"罪状"，显得有些底气不足，缺乏声讨的气势。

鲁迅对张凤举、徐耀辰说道："这是我们周家的事情，别人不要管。"他要顾及颜面、名誉，不愿意让外人了解实情，更不用他们来判明是非。如果真有什么不愿意让外人知道的隐情，周作人自然也是当事人之一，他招来外人助阵，不怕家丑外扬，我理解，至少在周作人看来，错的一方是大哥。而鲁迅这时的表现超出人们的想象，哪里还找得到一点"横眉冷对"、顽强不屈的影子。

同一天周作人的日记记得很简略："下午 L 来闹，张徐二君来。"L 即鲁迅，张、徐即朋友张凤举、徐耀辰。"来闹"，显然不是事实，鲁迅是回来"取书及什器"，要闹早就闹了，何至于要等到十个月以后。

鲁迅的挚友许寿裳后来在《亡友鲁迅印象记》中也提到过此事：

> 说起他的藏书室，我还记得作人和信子抗拒的一幕。
> 这所小屋（西三条胡同二十一号）既成以后，他就独自个

回到八道湾大宅取书籍去了。据说作人和信子大起恐慌，信子急忙打电话，唤救兵，欲假借外力以抗拒；作人则用一本书远远地掷入，鲁迅置之不理，专心检书。一忽儿外宾来了，正欲开口说话；鲁迅从容辞却，说这是家里的事，无烦外宾费心。到者也无话可说，只好退了。这在取回书籍的翌日，鲁迅说给我听的。我问他："你的书全部都已取出了吗？"他答道："未必。"我问他我所赠的《越缦堂日记》拿出了吗？他答道："不，被没收了。"

这件事据许寿裳说是鲁迅转天告诉他的，没有提及周作人要用铜香炉砸他，而是说用书远远投掷，这个细节也许存在。但川岛的说法更为准确，他是当时冲突发生前半场唯一的见证人，后半场张凤举三人到来时他已然退场了。也许是两个动作兼而有之，先用香炉砸被人夺下，后来又用书本砍，也未可知。总之，周作人对大哥的行为可谓暴烈无情。

直到晚年，周作人才在《知堂回想录》（一四一）中反驳许寿裳的说法："这里我要说明，徐是徐耀辰，张是张凤举，都是那时北大教授，并不是什么外宾，如许季茀（许寿裳）所说的，许君是与徐张二君明白这件事的内容的人，虽然人是比较'老实'，但也何至于造作谣言，和正人君子一辙呢？"

许寿裳已于一九四八年二月十八日在台湾惨遭杀害，时过境迁，二三十年后周作人想起这事还是愤愤难平，火气不减。当然，他说的所谓"谣言"，不可能是指许寿裳"造作"，矛头自然是另有所指。

6. 失和原因"经济说"

是什么样的深仇大恨让一向平和冲淡、温文儒雅的周作人大发雷霆、情绪失控，对有恩于他的大哥不依不饶，大打出手，甚至用香炉（或书本）相砸呢？事情已经过去了十个月，按照常理，随着时间的推移，两个人这时应该已经冷静下来，鲁迅又在失和之后做出了难以想象的让步，主动搬出了八道湾。周作人的火气应该逐渐消减才对，况且八道湾并不是周作人的私宅，房产的份额鲁迅占有一定的比例，人家回家来取东西，回的是自己的家，又没有到你的后院来，周作人为什么纠缠不休，追过来相逼吵闹，甚至动武。肯定是在这期间羽太信子不知又说了什么对鲁迅不利的话，信子的枕边风让周作人对大哥的仇恨越积越深，以至忍无可忍，怒不可遏了。

到底兄弟之间发生了什么？羽太信子到底吹的是什么枕边风？我们不得而知，也不好妄加揣测。兄弟失和事件成了一桩迷案。

由于当事人及目击者不置一词，引来许多学者的猜测。尽管众说纷纭，但是有一点看法是一致的，那就是，两人的绝交不是出于政治立场、文学观念和为人原则等问题引发的，而是因为家庭矛盾所致。

鲁迅的三弟周建人在《鲁迅与周作人》一文中说，两个人的分手，"不是表现在政见的不同，观点的分歧，而是起源于家庭间的纠纷。"

至于是什么家庭纠纷，周建人没有说，也许他不清楚，也许他不愿意说。反常的是，鲁迅生前写给他的三百多封私信至今一封也没有留下。

兄弟失和的前因后果、来龙去脉，除了两位当事人，三弟周建人应该是比较清楚的。鲁迅始终关爱照料着三弟，最后十年在上海时期，两家的关系十分密切，走动相当频繁，无论是当时信谈，还是后来面述，周建人了解的内情相对较多，但他始终回避这个话题。鲁迅写给他的信件涉及家庭情况的应该占有一定比例，有的很可能涉及一些家庭成员的个人隐私，包括他自己的不愿公开的内容，这其中应该也包括两个哥哥周树人（鲁迅）、周作人的某些信息？这些信件是何等重要，但不管是出于什么考虑，保护自己或维护家人。三百多封信最后全被毁，只字未存，实在是让人不可理解！

造成家庭纠纷的原因多种多样，排除了政治原因，总体来说，最重要的无非是经济原因和感情原因。

来自鲁迅方面的一些论者，将兄弟失和的原因主要归结为经济原因，认为信子持家，挥霍无度，引起鲁迅的不满，信子便挑拨丈夫周作人与大哥反目。

鲁迅的母亲鲁瑞曾对人说："这样要好的弟兄都忽然不和，弄得不能在一幢房子里住下去，这真出于我意料之外。我想来想去，也想不出个道理来。我只记得：你们大先生（鲁迅）对二太太（信子）当家是有意见的，因为她排场太大，用钱没有计划，常常弄得家里入不敷出，要向别人去借，是不好的。"（俞芳《我记忆中的鲁迅先生》，浙江人民出版社 1981 年版）

周建人在《鲁迅与周作人：难以弥合的裂缝》一文中分析道：

> 在绍兴，是由我母亲当家，到北京后，就由周作人之妻当家。日本妇女素有温顺节俭的美称，却不料周作人碰到的却真是个例外。她并非出身富家，可是气派极阔，架

子很大，挥金如土。家中有管家齐坤，还有王鹤照及烧饭司务、东洋车夫、打杂采购的男仆数人，还有李妈、小李妈等收拾房间、洗衣、看孩子等女仆二三人。即使祖父在前清做京官，也没有这样众多的男女佣工。更奇怪的是，她经常心血来潮，有时饭菜烧好了，忽然想起要吃饺子，就把一桌饭菜退回厨房，厨房里赶紧包饺子；被褥用了一两年，还是新的，却不要了，赏给男女佣人，自己全部换过。这种种花样，层出不穷。……鲁迅看不过去，对周作人进行规劝，无非是"花钱要有个计划，也得想想将来"这一类话，真也有周作人这样的人，把好心当恶意。有一次，周作人说要把丈人丈母接到中国来同住，鲁迅很不赞成，认为多年来寄钱供养他们，已经情至义尽了，今后可以继续养老送终；他们还有别的子女在日本，就不必接到中国来了。

（《鲁迅回忆录》上册，北京出版社 1999 年版）

许广平转述鲁迅对她说过的话：

我总以为人不要钱总可以家庭和睦了罢，在八道湾住的时候，我的工资收入，全行交给二太太，连周作人的，不下 600 元，而每个月还总不够用，要四处向朋友借，有时候借到手连忙回家。又看到汽车从家里开出，我就想：我用黄包车运来，怎敌得过用汽车带走的呢？……鲁迅在八道湾住的时候，初时每月工资不欠，比周作人还多，又忠心耿耿的全部交出，兼以向朋友告贷，这样的人，在家内开支是一个得力的助手，要得的。后来开始欠薪，加以干涉到人事方面，就妨碍了主人的权威讨厌起来了。

（许广平《鲁迅回忆录》，长江文艺出版社 2010 年版）

鲁迅之子周海婴也说过羽太信子：

> 讲排场，花钱如流水，毫无计划。饭菜不合口味，就撤回厨房重做。她才生了两个子女，全家雇用的男女仆人少说也有六七个，还不算接送孩子上学的黄包车夫。孩子偶有伤风感冒，马上要请日本医生出诊。日常用品自然都得买日本货。由于当时北平日本侨民很多，有日本人开的店铺，市场上也日货充斥，应该说想要什么有什么。但她仍不满意，常常托亲戚朋友在日本买了捎来。因为在羽太信子眼里，日本的任何东西都比中国货要好。

（周海婴《我与鲁迅七十年》，南海出版公司2001年版）

这里需要说明的是，鲁迅自己看病，也是找日本医生，或德国医生，从来不找中国医生看中医，因少年时他的父亲被中医误诊骗钱，不治身亡，鲁迅一辈子对中医深恶痛绝。两个弟媳都是日本人，孩子大人病了请日本医生出诊，似乎也在情理之中，算不上挥霍。日本货好像不仅是羽太信子觉得好，近百年后的不少中国人也承认这个事实。

看不惯羽太信子的大手大脚、铺张浪费，说明鲁迅对羽太信子持家理财有一定看法，疗养则住在北京西山，有病则请日本医生，购物则买日本货，家里还长期雇着几个佣人，但这绝不是造成他和二弟分手、恩断情绝的主要原因，况且是周作人主动和他决裂挑起事端，原因应该出在周作人夫妇身上。

7. 失和原因"失敬说"

同为鲁迅、周作人朋友的郁达夫在一九三八年写的《回忆鲁迅》中说，兄弟失和的原因，除了经济，还有羽太信子说的

"鲁迅对她有失敬之处":

  在我与鲁迅相见不久之后,周氏兄弟反目消息,从禄米仓的张徐二位听到了。原因很复杂,而旁人也终于不明白是究竟为了什么。但鲁迅的一生,他与周作人氏,竟没有和解的机会。本来,鲁迅和周作人氏哥儿俩,是住在八道湾的那一所大房子里的。这一所大房子,系鲁迅在几年前,将他绍兴的祖屋卖了,与周作人在八道湾买的;买了之后,加以修缮,他们兄弟和老太太就统在那里住了。俄国的那位盲诗人爱罗先珂寄住的,也就是这一所八道湾的房子。后来,鲁迅和周作人氏闹了,所以他就搬了出来,所住的,大约就是砖塔胡同的那一间小四合了。所以,我见到他的时候,正在他们的口角之后不久的期间。据凤举他们的判断,以为他们兄弟间的不睦,完全是两人的误解,周作人氏的那位日本夫人,甚至说鲁迅对她有失敬之处。

但鲁迅有时候对我说:"我对启明,总老规劝他的,教他用钱应该节省一点,我们不得不想想将来。他对于经济,总是进一个花一个的,尤其是他那位夫人。"从这些地方,会合起来,大约他们反目的真因,也可以猜度到一二成了。

郁达夫在文章中除提到鲁迅对他说的话之外,还提到了张凤举他们的判断:羽太信子说鲁迅对

郁达夫

她有"失敬"之处。这当然是她的一面之词，有没有失敬？失敬到什么程度？"清官难断家务事"，外人实在是说不清楚。

持"家庭经济说"的基本上以鲁迅的亲友为主。

真的像人们说的，兄弟失和是因为经济纠纷造成的吗？让我们看看当时八道湾周宅的经济状况是怎样的。

鲁迅当时买这所宅院，最初的想法是兄弟三人永不分家，把钱放在一起合用，有福同享，有难同当。全家人从老家绍兴迁到北京后，大哥鲁迅在教育部当佥事，月薪三百大洋，有时欠薪；老二周作人在北京大学当教授，月薪二百四十大洋，兄弟俩还有一些稿费、讲课费等收入，只有老三周建人初期没有工作，搬到北京近两年后，到上海商务印书馆工作，月薪六十大洋。周宅的家庭成员情况是：三兄弟供养老娘，鲁迅和朱安两口，周作人一家五口，周建人一家四口，全家雇佣几个帮工。

到北京以后，母亲鲁瑞不习惯北方生活，表示不掌家。朱安性格软弱，与世无争，与鲁迅的感情不和，家里的财政大权落到了羽太信子手里。信子是日本媳妇，日本的生活习惯、饮食习惯，鲁迅、周作人兄弟、信子、芳子姐妹以及孩子们都能接受。从三个独立家庭的收入支出而言，鲁迅一家贡献最多，开支最小；周作人收入第二，开支最大；周建人收入最少，开支中等。总体来讲，全家人搭伙过日子，鲁迅的付出最多，信子应该是满意和接受的。周建人收入虽少，但芳子不仅是弟妹，也是羽太信子的亲妹妹，经济上多负担一些是说得过去的。

在鲁迅的传统意识中，他的家庭观念是大家庭，是以母亲为主的兄弟三人的家族，不仅仅是他和朱安两个人的小家庭，况且他长期和朱安感情不和，终年分居。鲁迅回国以后，身为长子、大哥，承担起的是抚养大家庭的义务，甚至时常接济弟媳羽太信子日本的娘家，信子的父亲、弟弟、妹妹在经济上都得到过鲁迅的资助，"鲁迅除了负担八道湾绝大部分家用之外，连日本人信子们的父亲羽太家：每月家用的接济，儿子重久三次到中国和在日本不时需索以及军营的所需费用，及第三个女儿福子的学费，也都是鲁迅每月收到工资，即行汇出的。"（许广平《鲁迅回忆录》，长江文艺出版社 2010 年版）

在鲁迅收入少的时候没有发生金钱上的矛盾，收入多了反而产生矛盾，这种可能性微乎其微。因为，"失和事件"是突然爆发的，如果是因为家庭经济问题，它有一个逐渐积累的过程。周作人心里很清楚，鲁迅对整个大家庭，包括对他个人在经济上的贡献是最多的，他应该心存感激才对，鲁迅即使对家庭开支有意见，周作人即使再糊涂，也会理解，也应该理解，绝不至于为此事怒火中烧，也绝不至于为此事绝情绝义。

8. 到底发生了什么

兄弟失和如果不是家庭经济问题，那另一个原因似乎只能是感情问题，是妻子与大哥的关系问题。周作人这一方主要持感情说。

一种说法是鲁迅偷看了弟媳羽太信子洗澡或听窗。

一九七五年，川岛对鲁迅博物馆工作人员说："鲁迅后来和周作人吵架了。事情的起因可能是，周作人老婆造谣说鲁迅调戏她。周作人老婆对我还说过：鲁迅在他们的卧室窗下听窗。"他为鲁迅辩诬说："这是根本不可能的事，八道湾后院的房屋，窗户外有土沟，还种着花卉，人是无法靠近的。"说到周作人夫人与鲁迅关系紧张的原因时，川岛则说："主要是经济问题。她

（羽太信子）挥霍得不痛快。"

"听窗"一说像川岛说的是"造谣""这是根本不可能的事"，不仅因为窗外有沟，还种着花，人无法靠近，还因为如果有人听窗被发现，屋里的周作人夫妇应该都能察觉，用不着羽太信子事后告诉丈夫，何来周作人绝交信中说的"我昨天才知道"一语。

"窥浴"一说，鲁迅之子周海婴在《我与鲁迅七十年》中辩驳道：

> 父亲与周作人在东京求学的那个年代，日本的习俗，一般家庭沐浴，男子女子进进出出，相互都不回避。即是说，我们中国传统道德观念中的所谓"男女大防"，在日本并不那么在乎。直到临近世纪末这风俗似乎还保持着，以致连我这样年龄的人也曾亲眼目睹过。那是70年代，我去日本访问，有一回上厕所，看见里面有女工在打扫，她对男士进来小解并不回避。我反倒不好意思，找到一间有门的马桶去方便。据上所述，再联系当时周氏兄弟同住一院，相互出入对方的住处原是寻常事，在这种情况之下，偶有所见什么还值得大惊小怪吗？退一步说，若父亲存心要窥视，也毋需（无须）踏在花草杂陈的"窗台外"吧？

周海婴分析得有一定道理，但作为后人，这种辩解就显得有点多此一举，软弱无力了，似乎认同了"偶有所见"的说法，接受了"窥浴"的观点。

窃以为，"窗户外"只是个距离问题，看清没看清与看没看属于不同性质的问题。是跨过沟还是在沟外侧，其实并不重要，院子里的泻水沟想必也不宽，关键是看了没有。

我们退一万步说，姑且认为真的看了，真的发生了"窥浴"

之事，就真的那么重要，真的让周作人大光其火、绝情绝义吗？

羽太信子是日本女人，就像周海婴说的："日本的习俗，一般家庭沐浴，男子女子进进出出，相互都不回避。"

日本自古就有男女同浴的风俗，贞节观念也较中国妇女应该更开放一些。周氏兄弟在日本留学多年，对这些情况是了解的，不足为怪的。鲁迅去世后，许寿裳在《亡友鲁迅印象记》里说："鲁迅一九〇四年往仙台进了医学专门学校，有一次来信给我，大意说气候较寒，每日借入浴取暖，仙台的浴池，男女之分，只隔着一道矮矮的板壁，同学们每每边唱边洗，有的人乃踏上小杌子，窥望邻室。信中有两句，至今我还记得的：'同学阳（佯）狂，或登高而窥裸女。'"那时的留学生，看女孩子洗澡，也不是什么大不了的事情。当然，这和后来"兄弟失和"牵扯到的"窥浴"一说没有必然的联系。

当年的鲁迅，时常、或者说是每天都要到八道湾的后院周作人的住处去，或是吃饭，或是聊天，进出随意。日本人又相对讲究卫生，时值盛夏，羽太信子在后院屋内洗澡，这种情况可能经常发生，即使鲁迅到后院无意中看到遮蔽不严的屋内羽太信子在洗澡，即使驻足多看了两眼，也并非十恶不赦的严重问题。"食色，性也"，人之常情，偶见一个女人洗澡，又不是故意的，有什么可大惊小怪的，退一步讲，即使发生了这种事也不是不能解释的。我们假设，作为鲁迅即使无意中真看见了弟媳在洗澡，无凭无据，完全可以否认。即使不加辩解，我相信，在日本生活过多年的周作人也不会怀恨在心，不依不饶。因为，如果真有此事，自己的老婆也有相当的责任，至少是门户不严，遮蔽不当。为这点事，信子应该不会小题大做、自取其辱，向丈夫哭诉。

　　除了上面这两种说法，很可能还有其他原因让周作人耿耿于怀，难以原谅大哥。

　　至于"调戏""失敬"等说法没有人知道是否存在，更没有人知道具体内容，至少周作人是相信了老婆羽太信子和他说的话，认为大哥做了有辱于他不可原谅的事，这种"家丑"难以启齿，没有相应的证据，凭空捏造诬陷，以鲁迅的脾气性格是绝不会善罢甘休的。

　　到底发生了什么事？我们无从知道，对于这件事，鲁迅生前始终回避，不置一词，与最亲近的人也没有详细讲过，只是间接提及家庭经济纠纷，暗示自己是被家里的日本女人逐出的。周作人也一再表示不对此事辩解。他在二十世纪六十年代与香港友人鲍耀明的通信中说："大凡要说明我的不错，势必先须说对方的错，不然也总要举出些隐秘的事来做材料，这却是不容易说得好，或者不大想说的，那么即使辩解得有效，但是说了这些寒伧话，也就够好笑，岂不是前门驱虎后门进狼了么。"两个人讳莫如深，为"兄弟失和"蒙上了一层神秘面纱。但是我们从仅有的一些史料中探幽发微，能否像郁达夫说的：对他们反目的真实原因，猜度到一二成了呢？

出售"鲁迅藏书风波"始末

1. 从朱安说起

在鲁迅的生活中，有一个人是绝对绕不开的，尽管他们名为夫妻，却名存实亡，形同路人。这个人就是鲁迅的夫人朱安。

三四十年前，开始接触鲁迅作品的时候，我只知道他的爱人是许广平，鲁迅那句著名的诗句："十年携手共艰危，以沫相濡亦可哀"，就是他们爱情生活的真实写照。而朱安的名字却始终被遮蔽、被隐藏，她和鲁迅的夫妻关系若隐若现、若有若无，生前死后始终得不到公平的待遇。

朱 安

鲁迅为什么不接受妻子朱安？许多人出于维护鲁迅的角度，都说是因为朱安没文化、裹小脚，两个人志趣相异，没有共同语言等等。这些说法都可以理解，也是他们夫妻感情不和的原因之一，但未必是最主要、最关键的原因。说到底，还是因为朱安不够漂亮，缺乏女人的魅力。

鲁迅的婚姻是失败的，在他心里留下了巨大的阴影。既然母亲没有考虑自己的感受，一厢情愿地喜欢她自己选中的儿媳，那鲁迅也只好将这个"礼物"完好无损地还给母亲。对这个名义上的妻子，鲁迅终其一生也不接受，更谈不上喜欢。朱安一生都没有得到过爱情，孤苦凄凉地走完悲惨的一生。

鲁迅母亲鲁瑞

一九二六年八月鲁迅离开北京南下，转年十月与许广平共同生活于上海。朱安与婆母鲁瑞生活在北京阜成门内西三条胡同二十一号寓所，靠鲁迅每月寄钱赡养。

一九三六年十月十九日，鲁迅去世，朱安没有继承丈夫在上海的遗产和版权，全部交给许广平全权处理，得到的承诺是：生养死葬，安度晚年。随着物价上涨——米、煤、蔬菜均较以前上涨了两三倍，鲁迅生前每个月提供的一百元生活费不敷使用，他的母亲鲁瑞希望许广平增加家用的要求得不到回应。到一九三八年一月，周作人开始负担母亲的生活费，每月五十元。朱安仍由许广平每月筹寄四五十元左右，虽然标准略低，但大致维持鲁迅生前的数额，生活水平无疑有所下降。但是到了一九四一年十二月，许广平在上海被日本宪兵逮捕关进监狱七十六天，出狱后因自身困难和邮寄不便等原因，自一九四二年五月中断了对朱安的生活供给达两年多时间，并一度与北京失去联系。在这种情况下，周作人开始负起赡养母亲和寡嫂朱安的部分责任。

一九四三年四月二十二日，鲁迅的母亲逝世，临终前将周作人每月给自己的十五元零用钱转给朱安。这十五元大洋折合当时的"联准票"一百五十元。朱安和一位陪伴了自己二十多年的老女佣王妈相依为命，这笔钱暂时可以勉强度日。但后来随着货币贬值、物价上涨，周作人没有加钱，自尊自爱的朱安也不会开口要他加钱，花与丈夫绝交的二弟周作人的钱她心里极不情愿，但许广平又音信皆无、联系不上，生活费没了着落，当时北平每人每月最低的生活费已经上涨到了六百元，朱安和女佣两个人即使省吃俭用，最低的生活开支每月至少也要在千元左右，贫困潦倒、体弱多病又步入老年的朱安靠一百五十块钱根本无法维持生活，每天的食物主要是小米面窝头、菜汤和几样自制的腌菜、霉豆腐等，即使这样，也常常难以保证，到一九四四年积蓄用尽并已经欠债四千多元。

"联准票"一百五十元是什么概念？唐弢后来在《帝城十日》中写道："我了解到：两位老人（朱安的女佣王妈）每月必需的生活费约合联准票九千元（当时方通用汪记储备银行的'储备'票，而北方用的是联合准备银行的'联准'票）……我和哲民去西山时雇用三轮车二辆，每辆车费一百元。如果再将'联准'票折合'储备'票，我核计一下，九千元不过买几篓水果而已。"这里可能有两种币值换算的误差，周作人给的这点钱（一百五十元），后来虽不能说是杯水车薪，但维持基本的生活用度，显然已经不够了。出于无奈，这才有了后来的出售鲁迅藏书风波。

2. 朱安为什么要售书

事情的经过大致是这样的：鲁迅自一九一二年五月初，随教育部从南京北迁到北京供职，直到一九二六年八月底离京南下，在北京共生活了十四年，这期间，他陆续购买了大量的中外书籍、碑帖等，这些藏书绝大部分留在北京朱安与鲁迅生活的阜成门内西三条二十一号旧宅，共计二十三箱又三大书柜。鲁迅去世后，朱安始终妥善保管，但是到了一九四四年七八月间，由于生活所迫，社会上传出了鲁迅藏书要出售的消息。

这一年秋天，许广平听人说起上海的旧书铺流传着北平传来的一份鲁迅藏书的书目，经了解得知：北平的书肆来薰阁等将鲁迅藏书中外文详细书目三册传到上海、南京兜售，因索价过高，买主一时未定。许广平知道后心急如焚，决定马上采取措施加以阻拦。一九四四年八月三十一日，她给中断联系两年多的朱安去信劝阻，信中说：

朱女士：

日前看到报纸，登载《鲁迅先生在平家属拟将其藏书出售，且有携带目录，向人接洽》的消息。此事究竟详细情形如何，料想起来，如果确实，一定是因为你生活困难，不得已才如此做。

……

至于你的生活，鲁迅先生死后六七年间，我已经照他生前一样设法维持，从没有一天间断。直至前年（卅一年）春天之后，我因为自己生了一场大病，后来又汇兑不便，商店、银行、邮局都不能汇款，熟托的朋友又不在平，因此一时断了接济。但是并未忘记你，时常向三先生打听。

后来说收到你信，知道你近况。我自己并托三先生到处设法汇款，也做不到，这真是没奈何的事。

鲁迅先生直系亲属没有几人，你年纪又那么大

鲁迅的藏书

了，我还比较年轻，可以多挨些苦。我愿意自己更苦些，尽可能办到的照顾你，一定设尽方法筹款汇寄。你一个月最省要多少钱才能维持呢？请实在告诉我。虽则我这里生活负担比你重得多：你只自己，我们是二人，你住的是自己房子，我们要租赁，你旁边有作人二叔，他有地位，有财力，也比我们旁边建人三叔清贫自顾不暇好得多。

作人二叔以前我接济不及时，他肯接济了。现在我想也可以请求他先借助一下，以后我们再设法筹还。我也已

鲁迅的藏书

经去信给他了，就望你千万不要卖书，好好保存他的东西，给大家做个纪念，也是我们对鲁迅先生死后应尽的责任。

请你收到此信，快快回音，详

细告诉我你的意见和生活最低限度所需，我要尽我最大的力量照料你，请你相信我的诚意。

……

其实想北上的心是总有的，鲁迅先生生前不用说了，死了不久，母亲八十岁做寿，我们都预备好了，临时因海婴生病了取消。去年母亲逝世，自然也应当去，就因事出意外，马上筹不出旅费，所以没有成行。

总之，你一个人的孤寂，我们时常想到的。望你好好自己保重，赶快回我一音。

不知朱安收到此信后做何感想，按常人的理解，这时候的朱安应该对许广平心存抱怨，没有这次"售书风波"，上海许广平方面断绝了与她的联系，已经两年多对她的生活不管不问了。

当时的上海、北平虽然已经沦陷了六七年，但是两个中国最大的城市真的会没有经济往来、金融往来？连钱款都寄不了了吗？如果真的挂念朱安老太太，两年多时间会音讯皆无？目不识丁、不善言辞的朱安找不到许广平，但三弟周建人也在上海，且与大哥鲁迅一家来往密切。朱安出于无奈，找过周建人，但始终也联系不到许广平，个中原因，不言自明。许广平真要想联系朱安却易如反掌，寄款也好，问候也好，说明情况也好，一封信就能寄到，老人至死从未搬离过阜成门内西三条二十一号旧宅一步，许广平当年也多次去过，朱安不识字，但身边还有一些故交旧友帮忙。

周作人与鲁迅失和的事人所共知，两个人早已情断义绝、互不来往，即便在敌伪时期周作人落水，他再有地位，再有财力，似乎也没有法律上的义务负担寡嫂的生活。因为此前朱安已将鲁迅的著作版权转让给了许广平，她也没有分得鲁迅死后

在上海的遗产和存款，条件是许广平承担朱安晚年的生活费用
——生养死葬，而实际上这种许诺并没有完全兑现。

朱安性格温婉、心地善良，不是挑剔多事、斤斤计较的老
太太，她可能考虑得不多，但是许广平母子在周家两个最重要
的日子——一九三七年春节婆母鲁瑞八十岁大寿、一九四三年
四月二十二日鲁瑞去世，都没有回过北平，这两年既不寄钱奉
养也不寄信问候，这些事实朱安心里是再明白不过了，自尊自
强的她没有想方设法、挖空心思寻找许广平讨要生活费，出于
无奈，这才有了出售丈夫鲁迅藏书的想法，这才引来了上海方
面的及时反应，马上写信阻拦。按常情理解，不卖书不联系，
一听说要卖书，马上得到回应，难道鲁迅的藏书比朱安的生存
还重要？

许广平有知识有文化，深知鲁迅的价值，为维护鲁迅竭尽
全力，同一天，她也给周作人写了一封信，恳请他出面劝阻大
嫂朱安停止出售鲁迅藏书。

许广平一九二二年考入国立北京女子高等师范学校国文系
（一九二四年改名"国立北京女子师范大学"）以后，也曾是周
作人的学生，与鲁迅结合以后，她了解兄弟失和的事实以及周
作人对她不接受的态度，但在抗战结束以前，许广平表面上对
老师还是尊敬有加的，她给周作人去信阻拦卖书一事，语气态
度还是十分恭敬的。

3. "卖书还债，维持生命"

十天之后，许广平偕子海婴委托律师事务所在一九四四年
九月十日的《申报》上刊登启事声明：

按鲁迅先生终身从事文化事业，死后举国哀悼，故其一切遗物，应由我全体家属妥为保存，以备国人纪念。况有法律言，遗产在未分割前为共有物，不得单独处分，否则不能生效，律有明文规定。如鲁迅先生在平家属确有私擅出售遗产事实，广平等决不承认。

许广平

同时，鲁迅生前好友郑振铎、内山完造等人也极力想办法阻止售书一事，郑振铎托北上的刘哲民和唐弢去面见朱安，并带去亲笔信分致来薰阁、修绠堂等书店老板和赵万里等版本专家，请他们共同出力保护鲁迅藏书，内山完造也给朱安去信加以劝阻。

其实，在接到许广平的信后，朱安得到承诺，已经打消了卖书的想法，她有没有给许广平回信不得而知，但是在接到内山完造的信之后，一九四四年九月二十三日她托人代笔回信，详细描述了自己的生活状况以及产生卖书想法的缘由。

内山完造是鲁迅生前的日本友人，在中国居住了三十五年，主要在上海经营内山书店。鲁迅常去买书、聊天、会客，两个人友谊甚深，过从甚密，十年间他去内山书店五百次以上，购书达千册之多。内山完造与许广平也相当熟悉，两家交往密切，内山的信没有留下，朱安在托人写的信中说：

鲁迅生前，我和我婆母周老太太的生活费，每月提前寄到，过年过节总是格外从丰，并且另有存储一千余元，以备不时之虞，我也克（恪）尽我的天职，处处节省，自鲁迅逝世之后，我秉承婆婆的意思，把储存之款分月拨作家内的家用，当时有一位许寿裳先生，来代许女士索要鲁迅先生全集的出版权，担保许女士嗣后寄回北京寓的生活费，不使缺

鲁迅与内山完造

少，同时许女士也有信来索取版权，并表示极端的好意，我自愧无能，慨然允诺，当将委托手续全部寄去以后，许女士如何办理，迄未通告，我亦未曾问过，到廿八年冬季，因家用不足，我婆婆周老太太函商许女士，请每月酌加二十元，未能办到，以后婆婆的花费，都由周作人先生担任，银钱之外，米面煤炭，常有送来，水果糕点，应有尽有，房屋亦来修过。卅一年五月，并我每月四五十元之零费没有了着落，只好典卖钗裙，黯（暗）自弥补，卅二年三月，我婆母周老太太逝世，一切丧葬费用，全由作人先生担任，并仍每月送我一百五十元，实在可感！虽然这点钱仍是杯水车薪，但我也不便得寸进尺，计较盈绌。

生活是飞也似的高涨，我的债务也一天天的加高到四千余元，这真使我无法周转！

　　我侍候婆婆三十八年，送老归山，我今年也已经六十六岁了，生平但求布衣暖菜饭饱，一点不敢有其他的奢望，就是到了日暮途穷的现在，我也仍旧知道名誉和信用的很可宝贵的，无奈一天一天的生活压迫，比信用名誉更要严重，迫不得已，才急其所急，卖书还债，维持生命，倘有一筹可展，自然是求之不得，又何苦出这种下策呢！

　　版权手续是鲁迅的挚友许寿裳代许广平找朱安索要的，条件是许广平承诺保证负担北京旧宅婆媳的生活费，不使缺少。鲁迅全集的出版权寄出后，"如何办理，迄未通告"，版税收入多少？如何分配？逆来顺受、忍让迁就的朱安概不知情。

　　鲁迅去世后，许广平通过和婆母鲁瑞的通信保持着与周家的联系，内容主要是家庭经济和汇报孩子的情况。一九三九年冬，随着物价上涨，年事已高的婆婆鲁瑞去信要求每月增加二十元，许广平未能办到。婆媳之间因生活费问题一度发生冲突，经许寿裳等人从中调停方得平息。按情理讲，母亲鲁瑞的养老问题不应只由大儿子负责，况且鲁迅已经去世，家庭经济发生了重大变化，所以许广平负担了十四个月之后，鲁瑞的生活费改由二儿子周作人负担。但上海方面理应承担朱安的生活费，自一九四二年五月却没有了着落，老人后来靠典卖借贷度日，无物可卖、借贷无门时，自然想到了藏书。

　　朱安在信里最后写出了她计划卖书的真正原因："卖书还债，维持生命。"

　　都说清官难断家务事，朱安的这点家务事，明眼人一看便明白她要售书的原因所在——生活所迫，走投无路了！

　　上海方面在紧锣密鼓地采取行动阻止售书，几天以后，鲁迅的弟子唐弢、刘哲民受郑振铎的委托去北平洽谈生活费的事。

　　两个人于一九四四年十月十日抵达北平，然后马不停蹄地在"十二、十三、十四、十六、十八、十九六天，穿梭似的出入各书铺，十四、十六两次到北京（平）图书馆访宋紫佩，十五日清晨八时访赵万里，谈的都是鲁迅藏书出售的问题。"（唐弢《〈帝城十日〉解》，《新文学史料》1980年第3期）唐弢带着郑振铎写给来薰阁、修绠堂等书店老板及版本专家赵万里的信，请他们阻止鲁迅藏书流散出去。十四日傍晚，唐弢和刘哲民在鲁迅的好友宋紫佩的陪同下到阜成门内西三条二十一号拜见了朱安。当时朱安正和女佣王妈在吃饭，里面是汤水似的稀粥，碟子里只有几块酱萝卜。听说唐弢来自上海，她的脸色立刻阴沉下来，心里的怨气溢于言表。两年多对她的生活不闻不问，听说有售书之举，上海方面动作迅速，马上就派人来了。

　　唐弢事后在《帝城十日》中记载："那天宋紫佩陪着哲民和我去到西三条二十一号的时候，天色已近黄昏，朱夫人和原来侍候鲁老太太的女工正在用膳，见到我们，两位老人都把手里的碗放了下来，里面是汤水似的稀粥，桌上碟子里有几块酱萝卜。朱夫人身材矮小，狭长脸，裹着南方中年妇女常用的黑丝绒包头，看去精干。"

　　宋紫佩是鲁迅在浙江两级师范教书时的学生，后来成为最知心的朋友，鲁迅离京后，宋紫佩对鲁瑞和朱安婆媳多有照顾，与她们的关系相当亲密。见到朱安脸有怒色，他马上从中斡旋，说明两个人的来意。唐弢又将许广平和好友对保护藏书的意见补充了几句。老人听了一言不发，过了一会儿，才冲着宋紫佩大声说："你们总说鲁迅遗物，要保存，要保存！我也是鲁迅遗物，你们也得保存保存我呀！"

　　唐弢等人介绍了上海出版鲁迅全集的情况，许广平被日本宪兵逮捕，上海书籍抄走，直到导致汇款中断的经过，仔细说了一遍。解释了沪方中断生活费的原因，特别是海婴身体不好的近况。唐弢连忙表示：朱安日后的生活费仍由许广平承担，如有困难，朋友们也会凑点钱让她渡过难关，保证绝无冻饿之虞，鲁迅的藏书是不能卖的。

听到这些，生活费得到了保障后，朱安对许广平的误解渐渐消除，当即同意，卖书之议已完全打消。

朱安虽然没有文化，却是心地善良、深明大义、识大体、有主见、有骨气的女性，动议卖书实属出于无奈的个人行为。上海方面中断了两年多的接济供养，无音无信，联系不上；周作人给的钱既不能完全解决生计，她也不愿意接受，生活实在是难以为继，这才产生了出售鲁迅藏书的动念。

4. 售书牵扯周作人

有一些论者认为"售书风波"是周作人幕后指使的，我以为，缺乏令人信服的相关证据，也似乎不太合乎情理。

"售书风波"发生后，许广平也许怀疑过这件事与周作人有关，因为按照常理理解，朱安没有文化，大门不出二门不迈，孤陋寡闻，与外界很少接触，怎么会想起要出售鲁迅的藏书？在北平的亲友之中，关系最近、经济上有负担，又了解鲁迅藏书价值的似乎只有周作人。

许广平的疑虑有她的道理，但当时只能深埋心中，不能表露出来。原因大致有二：

其一，周作人虽然不是君子，在赡养母亲方面做得未必尽心尽力，但实事求是地讲，鲁迅去世后，他在供养母亲和寡嫂的问题上起了一定的作用，替许广平分担了许多经济压力。从鲁迅一九三六年十月去世到一九三七年"八一三"淞沪会战，上海寄北平家中的每月一百元的生活费，由北新书局以版税支付了一年多，其后（一九三八年一月），周作人每月给母亲鲁瑞五十元，许广平每月给朱安四五十元。一九四一年底，许广平被捕入狱，从此音讯皆无，中断了对朱安的供养，直到一九四四年八月出现"售书风波"的传言。一九四三年四月鲁瑞去世前，叮嘱周作人将自己每个月十五元大洋的零用钱转给朱安，让她务必收下，说这是属于她的钱，与别人无关。其后，在相当长的时间里，朱安的生活由周作人勉力维持，每月一二百元不等，大嫂代他们周氏兄弟照顾了母亲三十多年，他成了寡嫂生活的主要供养人。得罪了周作人，沪方赡养朱安的负担会加重。

其二，许广平的疑虑当时只是猜测而已，说周作人指使寡嫂朱安售书，要拿出真凭实据，哪怕是道听途说的传言也好，这方面她当时没有直接的证据，据她讲是一九四六年去北平时听宋紫佩说的，但那是两年后的事情了。她可以不考虑周作人的人品及当时的地位权势，但无凭无据，实难出口将责任推向周作人。

周作人晚年在写给鲍耀明的信中，涉及许广平，这样说道："她系女师大学生，一直以师弟名义通信，不曾有过意见，其所以对我有不满者殆因迁怒之故。内人因同情于前夫人（朱安），对于某女士（许广平）常有不敬之词……传闻到了对方，则为大侮辱矣，其生气也可以说是难怪也。来书（鲍耀明信）评为妇人之见，可以说是能洞见此中症结者也。"

鲁迅生前，许广平虽然知道一些兄弟失和的事，但她在女师大读书的时候，周作人是她的老师，两个人素无意见隔膜，一直保有师生之谊。鲁迅的家事，尤其是兄弟二人都讳莫如深的失和问题，她更不便介入其中。鲁迅逝世后，许广平曾经写信给周作人，托其照顾鲁瑞和朱安，周作人也尽到了一定的责任，她当时有求于人，对周作人还是尊敬的、客气的。当然，许广平也清楚，周作人一直反对鲁迅和她的结合，认为鲁迅是喜新厌旧，抛弃原配妻子，在他心里，长嫂只有明媒正娶，陪伴、照顾母亲三十八年的朱安，她才是鲁迅的结发夫人，自己的身份周作人是不接受不承认的。

抗战结束以后，周作人因附逆投敌沦为文化汉奸，被视为民族罪人，受到人们的指责，成了万人捶的破鼓。鲁迅则成为中国新文化的旗手，被毛泽东评价为中国文化革命的主将，伟大的文学家、思想家和革命家。

新中国成立以后，许广平与周作人的身份境遇发生了天壤之别，她对周作人的态度也变得激愤起来。涉及三十年前的出售鲁迅藏书事件，许广平将幕后的推手归罪于周作人，她在一九六三年六月七日的《北京晚报》发表的《火炬·黎明·旭日东升》一文重提此事，说：

周作人以汉奸罪入狱

鲁迅逝世以后，汉奸周作人在华北充当敌伪督办，他借口鲁迅母亲等人生活困难，指示别人整理出鲁迅所藏的中文、日文及其他外文书籍，编成书目三期，到南方去出卖。我因开明书店一位朋友的帮助，得知此事，托其借来书目一看，大惊失色，知为有意毁灭藏书，企图以此来消除鲁迅影响，因即设法辗转托人留下全部藏书。

周作人见到报上的文章十分不平，马上写信进行反驳：

> 七日贵报登有许广平女士的一篇文章，中间说及出售鲁迅藏书的往事，辞连鄙人，仿佛说是我的主意，事实有她当年的一封信为凭，完全不是这样的。今照抄一份送上，请赐一阅。据信中所说，自民国卅一年春即不能汇款，以后先母先嫂的用度即由我供给，此为分所当然，说不上什么"鼎力维持"，但是"俾将来继续清偿"，结果却是一番胡来的诬蔑，实真是最可感荷的了。不敢希望玷污一点贵纸的篇幅，只是请你花费些许贵重的工夫，请把那书信通看一过罢了。

此时的周作人处在墙倒众人推、没有话语权的境地，知道即使自己写文章辩解也没有发表的可能，只能抄录许广平一九四四年八月三十一日写给自己来信的主要内容做以说明：

> 日前上海报载，有北平家属拟出售藏书之说，不知是否属实。果有其事，想为生计所迫使然。鲁迅先生逝世以来，广平仍依照鲁迅先生生前办法，按月筹款，维持平方家属生活，即或接济不继，仍托平方友人先行垫付。六七年间未尝中辍。

> 直至前年（卅一年）春间，身害大病，始无力如愿，病愈之后邮政银行商店俱无法汇款，而平方亦无熟人可托，束手无策，心甚不安。不久前报载南北通汇，又多方设法仍苦无成。其间重劳先生鼎力维持，得无冻馁。

前者出售藏书之消息倘属事实，殊负先生多时予以维
持之意，广平特恳请先生向朱女士婉力劝阻，将鲁迅先生
遗书停止出售，即一切遗物亦应妥为保存，亦先生爱护先
贤著作之意也。

至朱女士生活，广平当尽最大努力筹汇，如先生有何
妥善方法示知更感。倘一时实在无法汇寄时，仍乞先生暂
为垫付，至以前接济款项亦盼示知，俾将来陆续清偿，实
最感荷，先生笔墨多劳，今天以琐屑相烦，殊深感愧，尚
祈便中赐教一二，俾得遵循。

许广平在信中承认：自己接济不继时，先生"鼎力维持，
得无冻馁"，生活费以后"实在无法汇寄时，仍乞先生暂为垫付，
至以前接济款项亦盼示知，俾将来陆续清偿"。让周作人感到愤
愤不平的是，自己当年勉力维持孤母寡嫂的生活用度，不求回
报，不可能开具款项的明细，也从没指望许广平日后偿还，事
实上也从未偿还，没想到自己的所作所为换来的却是以怨报德，
"胡来的诬蔑"。

5. 许广平的回应

周作人的来信及抄件很快转到了许广平手里，她在一九六三
年六月二十一日致《北京晚报》记者的信中，做了回应。信中说：

转来周作人信，知此汉奸年老仍火气十足，希免其罪
恶之责，而来信未能一语反驳其出售藏书之事。这事乃一
九四六年我到北京时，见了宋紫佩先生，亲自告诉我周作
人如何下令馆员整理书目情况（后来，周作人迫他认其私
宅偷盖房屋而要他[宋]认是公账。即有通同作弊之嫌。宋

愤而生病，致双目失明，现已死）。宋当时在北京图书馆任职，情况不会不确。后见朱女士（鲁迅前夫人）亲手交出整理书目三本（现存鲁迅博物馆）。我当即劝她保存遗物，并允负责其生养死葬，立有合同，以防周作人家属挑拨发生问题。这些都有文件在博物馆内。

当然，从我写给周作人的信（来信附来的）看出，我那时听说出售藏书，明知是他所为。朱女士目不识字，如何能策划图书馆人来给她服务呢？事实了然，后面主使即是谁。我苦心孤诣，写这封信去，说明请他暂为垫付，以后陆续清偿。他却并无清单寄来，我自无法清偿，现在仿佛是我"胡来诬蔑"。

……

至于老母寡嫂生活，事实是一九三六年鲁迅死后，每月由北新书局支付一百元，到"八一三"抗战起，即行停付。战争期间，我即托在辅仁大学任教的李霁野先生按月垫给朱女士五十元（这之前，我因儿子身体多病，经朋友介绍，想到南洋工作，要离开上海。曾有信给周作人，托其照顾北京家属。经其回信，说母亲他可以负担，朱女士则不管了。我才无法，转托李霁野先生，每月筹寄五十元的）。后来，北京沦陷，上海亦成孤岛，李霁野逃离南方，我又被人拘禁，就听说有北平（旧称）出售藏书之事。由来薰阁人亲自带至南京，陈群看了书目，全部包下，但来薰阁负责人忠于周作人，望在上海得更高价，才到上海向书肆兜售，我才得知。观我给周作人信中所说（你们转来的），实千方百计想对北京家属负责，而不是如他所说"胡来的诬蔑"的那样子人物。

这封信有许多值得推敲之处：

其一，许广平说周作人指使北平图书馆工作人员整理鲁迅藏书书目，以利销售一事是听宋紫佩说的，时间应该是在一九四六年十月底，这个月的二十四日她到北平住了半个月，为整理鲁迅藏书及其他物品。此时的周作人以汉奸罪名被监禁于南京老虎桥监狱。宋紫佩就在北平图书馆工作，他与朱安相当熟稔、亲近，时常问候看望，朱安要整理书目完全可以直接让他找人帮忙，何必通过周作人另找他人。不管宋紫佩是不是因为这件事"愤而生病，致双目失明"，但人已亡故，查无对证，只能说是许广平的一面之词。

其二，称朱安为"鲁迅前夫人"是不准确的，朱安始终是鲁迅的原配夫人，两个人从未解除过婚约，无所谓前后之别，朱安虽然名不副实，许广平也不能以实代名，否认事实。鲁迅逝世后不久，好友许寿裳为撰写《鲁迅先生年谱》，特意写信给许广平说："年谱上与朱女士结婚一层，不可不提，希弟谅察。关于弟个人婚事，裳拟依照事实，真书'以爱情相结合'……"

许广平当时在接到许寿裳的信及年谱草稿后，认为："朱女士的写出，许先生再三声明，其实我绝不会那么小气量，难道历史家的眼光，会把陈迹洗去吗？"她希望许寿裳将"以爱情相结合，成为伴侣"，就直接改为"与许广平同居"即可。而到了二十世纪六十年代，许广平在人们的心目中就是鲁迅当之无愧的夫人，朱安的身份极少被人提及，许广平称她为鲁迅的前夫人，是否是为了自己正名？置事实于不顾？至于劝朱安"保存遗物，并允负责其生养死葬，立有合同"之事，是在"售书风波"之后的补救措施。此前，鲁迅去世后遗产、版权问题，朱安已全权委托许广平负责，其条件就是许广平负责她后半生的生活保障，但事实上不管是什么原因许广平并未完全兑现，这才致使朱安难以生存，萌生了出售藏书的想法。

其三，关于鲁瑞及朱安的生活费问题，许广平让周作人"暂为垫付，以后陆续清偿。他却并无清单寄来，我自无法清偿"。这根本就不成为不还钱的理由，在周作人看来，抚养老母寡嫂是分内之事，理所应当，并非垫付，也没想过事后让人偿还。但是作为许广平，既然当初承诺过，人家不寄清单来就能成为不清偿的理由吗？事过三十年，主动联系过吗？还过一分钱吗？找人借了钱，事隔多少年没还，反赖债主子从不逼债讨债，这道理讲得通吗？

其四，从上海沦为孤岛到北平计划出售鲁迅藏书之事，其间两年多中断了对朱安的供养，许广平没有给出合理的解释和说明。没有断供的前因，何来藏书拟售的后果？售书的消息一传出，马上引来了上海方面的强烈反应，邮路也通了，钱款也能筹措了，人也能联系上了，老太太的生活费这才有了着落，当然，前欠了两年多的钱也就不了了之了。

就事论事，周作人政治上有污点不假，附逆投敌，罪不容赦，但不能就此将他一棍子打死，不顾事实，没有根据，硬将"售书风波"和周作人绑在一起。

6. 周作人是幕后推手吗

鲁迅之子周海婴在《鲁迅与我七十年》中也有类似记载，他的观点显然也是受母亲许广平的影响。

周海婴说：

当时许广平从朋友处听说，上海的旧书铺子接到传来的一份书目，说是周作人要卖鲁迅在北平的藏书，书目有一册厚。许广平一听几乎昏了过去。母亲为了保护父亲鲁迅的文稿、遗物，宁愿坚守孤岛，备受日寇凌辱迫害，而身为胞弟的周作人竟要毁掉鲁迅遗物中重要的部分——藏书。许广平当即托朋友打听详情。

两三天后，得到证实的消息是：因沪京两地战乱汇兑难，北京朱安女士手头拮据，生活有困难，理所当然要向小叔子周作人暂借些柴米钱。周作人竟借此怂恿朱安卖书，让北京图书馆的几个职员清理鲁迅藏书……因索的价是个令人吃惊的数目，不然北京的书肆为何不马上一口"吃"下来？显然，这书价必是内行的周作人开的。……不久又传来：在售书目录里，有若干善本古籍，已被周作人圈掉占为己有。

母亲的另一想法是托北平的老朋友去劝阻朱安女士，同时急筹一笔钱送去，解除她眼前的困难，以此釜底抽薪之法使父亲的北京藏书不被变卖，周作人的招术才会落空。……而此时，周作人却过着拥有多个佣工、管家、车夫的上层生活，与之相比近在身边的嫂嫂所过的日子差别是多么悬殊！

父亲与母亲的结合并且又（有）了我，对此周作人及其日本老婆并不承认，并视之为仇敌……既然如此，那他们就应该把其视为"正宗"的嫂子朱安好好供养起来，况且她还与我祖母一起生活，这才顺乎其理。再说，当时周作人也并非没有这个能力，但他偏偏把朱女士的生计推给远在上海的我的母亲来承担，而母亲抱着我这个病孩……作为鲁迅之子，周海婴的说法能够理解，但是我们要顾及事实。

朱安生活难以为继,大哥去世,三弟周建人远在上海,经济支绌、能力有限,朱安替周作人分担了照顾母亲的义务,他力所能及地关照寡嫂的生活也是应该的,但周母已经过世,朱安的晚年生活出现困境,主要责任人不是周作人,应该是许广平。鲁迅在上海的遗产和著作版权全权交给了许广平,朱安的生活费按理就应该由她负责,当时有委托书、书信和证人,即使许广平一时接济不周,向小叔子周作人暂借些柴米钱怎么能说是"理所当然"呢?

周作人过什么样的日子、能力的大小、如何供养母亲、家里有多少佣工、管家、车夫,那是他自己的事,与许广平母子无关。问题在于,作为小叔子的周作人没有抚养嫂子的法律责任和义务。从情理上讲,朱安是鲁迅的原配夫人,代丈夫尽孝,服侍老太太鲁瑞三十八年,也减轻了其他两个儿子的负担,周作人对嫂子朱安有所付出并非不可。但因为还有许广平,她和朱安属于一家人,更应该休戚与共,关心照顾,尽力负担朱安的晚年生活。从法律的角度讲,鲁迅在上海的遗产由许广平继承,朱安不仅未分到一分钱财产,还将鲁迅的著作版权委托给她。两个人有文字约定,有中间人作证,许广平应该信守承诺,在经济上承担供养朱安的义务。当然,我相信,当年的许广平的确也是困难多多,经济上捉襟见肘,力有不逮,但是不能因此就推卸责任。说周作人怂恿朱安卖书,让北平图书馆职员清理藏书,周作人开书价、占有善本古籍等似乎都缺乏确凿的证据。

许多论者将售书事件归罪于周作人,基本上都是源于许广平的说法。那我们来分析一下,周作人是否与此事有关。

出售藏书的直接诱因是家庭经济问题,是没有生活来源的朱安想将藏书出售以换取必要的生活费。

鲁迅北京的家属生活困难发生在母亲鲁瑞去世以后的一九四三年四月底，这之前，朱安和鲁瑞的生活费由代表大儿子鲁迅的许广平和二儿子周作人共同负担，理论上是周作人负责鲁瑞，许广平负责朱安，各出五十元，维持鲁迅生前原来的水平。其间，自一九四二年五月许广平失联，孤母寡嫂只能由周作人勉力抚养。

无论从哪个角度讲，至少供养朱安的义务应该是许广平，而不是周作人。无论他的经济状况好与坏，社会地位高与低，也无论他家里雇着多少佣人，都没有义务负担嫂子的生活费，况且他和鲁迅早已手足情断。周作人虽然对兄长无情无义，但对大嫂朱安却始终是尊敬的、关照的，说他为了减轻负担，怂恿朱安出售鲁迅藏书，要有真凭实据，否则，难以服人。

况且，一个目不识丁、无儿无女、生活无着、孤苦无助的老太太，卖掉亡夫的藏书以求生存，这本身并没有什么错！二十世纪四十年代，鲁迅还没有被神化、被政治化，朱安不可能认识到丈夫的价值、丈夫藏书的价值，周作人也不可能充分认识到一起长大的大哥的重要价值。即使当时鲁迅已经成为享誉全国的著名作家，妻子打算卖掉丈夫的藏书以维持生计，也是情有可原的无奈之举。鲁迅是名人不假，但名人的原配夫人穷到了要饿肚子活不下去的地步，用名人丈夫的遗物获得生存的权利，这正符合鲁迅的观点："一要生存，二要温饱，三要发展。"

周作人夫妇承不承认许广平母子的地位，以及他经济能力的大小，都与他供养寡嫂没有必然联系，还是那句话，他没有这个义务！朱安是有条件地放弃了继承丈夫遗产的权力，受益者应该有所付出，保证她的晚年衣食无虞。

　　"售书风波"只是一场风波而已，正是因为有了这场风波，失联两年多的许广平才重新出面找到朱安，才重新负担起她的生活费，孤苦伶仃、无依无靠、得不到赡养的朱安晚年才有了起码的生活保障。

　　"售书风波"的起因是生活困难造成的，许广平有一定的责任，它至少引起了一些人的注意，朱安作为鲁迅的"遗物"也是应该好好保护的！周作人很可能认识不到鲁迅藏书的价值，但说他背后指使出售、企图占有这些藏书，没有确切的证据，既然拿不出真凭实据，就不能硬将"售书风波"与周作人扯在一起。

鲁迅与朱安

世人只识许广平，无人知道有朱安。

在相当长的时期，鲁迅的原配夫人朱安被有意无意地封闭起来，似乎一提到朱安就会有损于鲁迅的形象，他们虽然没有爱情，无婚姻之实，却有婚姻之名，始终保持着婚姻关系。在封建时代，朱安是鲁迅明媒正娶的合法夫人，这是一个无法回避的客观存在。

"十年携手共艰危，以沫相濡亦可哀"，这句诗是鲁迅和许广平爱情生活的真实写照，但是在四十一年的婚姻生活中，朱安的存在同样对鲁迅的思想、生活、创作产生过一定的影响。从某种意义上说，无论是正面还是负面，正是因为与朱安不幸的婚姻，才造就了我们今天看到的鲁迅，了解朱安有助于我们更全面地理解鲁迅、研究鲁迅、还原鲁迅，从

青年鲁迅

而发扬鲁迅。

1. 包办的婚姻

朱安一八七八年六月生于绍兴城里的丁家弄。朱家富足殷实，祖上曾做过官，到她出生的时候虽然已经败落，但不像周家遭过大难，宅门里小楼庭院花园依旧，衣食无忧，在富庶的绍兴城算得上名门。

朱安与鲁迅的母亲鲁瑞一样，都是大丈夫三岁，都没有读过书，一百多年前，受"女子无才便是德"的旧礼教影响，女人一般是没有权利读书的，也不以读书为荣，而女大男小，在当时也是常态，不足为怪。

没读过书自然就没有文化，但是这好像并不影响她们成为一个好女人、好妻子或好母亲。

至于朱安的缠足，那更是再正常不过的事了，一百多年前的旧中国，不缠足的女人极少，当然像鲁迅那样具有新思想、接受新教育、念洋书、穿洋服的留学生更是少而又少。

一八九八年，鲁瑞为鲁迅议婚的时候他正在南京矿路学堂求学，此时的新台门周家已经彻底败落了。鲁迅的祖父周介孚因为科场舞弊案被关押在杭州监狱已经五年，父亲周伯宜心情抑郁，重病不治，于两年前病故。经此变故，周家耗尽家财，元气大伤，用鲁迅自己的话说："从小康人家坠入困顿。"当然，鲁迅的话有些自谦，当初周家的生活水平远在小康之上，后来也没有贫穷到困顿的地步，但总体上是坐吃山空，有出无进了。这一年年底，鲁迅六岁的四弟椿寿又突然发病夭折。这一连串的打击令鲁瑞十分悲痛，而周家的长子长孙、背负家庭重担的周树人（鲁迅）这时已经年满十八岁。亲戚们提议用孩子的婚事来冲冲喜，母亲鲁瑞欣然同意，开始为儿子张罗婚事。

为安慰陷于丧子之痛的鲁瑞，新台门里鲁迅家隔壁的谦少奶奶常来串门，她因为幼子早夭，两个人同病相怜，过从甚密，关系很好。说起儿子的婚事，谦少奶奶向鲁瑞提起自己婆婆的内侄孙女朱安，两家门当户对，孩子年龄相称，论经济条件朱家还要略强过周家。年龄也不是问题，女方大鲁迅三岁，在绍兴当地的风俗中不算是什么缺点，鲁迅的母亲就大丈夫三岁，关键是姑娘温顺明理，勤快和善，待人厚道，像她的小名安姑一样，安静、安分、安宁，鲁瑞从心里满意。谦少奶奶的婆婆就是玉田夫人"蓝太太"——鲁

鲁迅的母亲鲁瑞

迅的叔祖母。鲁迅在新台门最早开蒙读书时，就是和这位玉田叔祖读的《通鉴》，后来才到不远处的三味书屋师从寿镜吾先生，两家住在同一个台门，又是近亲。说起来朱家和周家算得上沾亲带故，知根知底，于是这门婚事很快就定了下来。

鲁迅这时候带着母亲变卖首饰筹措的八块钱川资，远在南京矿路学堂读书，对自己的婚事他开始并不知情，也不需要他知情，当时的婚姻靠的是"父母之命、媒妁之言"，儿女是无权过问的。鲁瑞和朱家议婚的时候，他听说后，虽然谈不上满意，但也没有激烈反对。

鲁瑞后来在北京和邻居俞芳提起鲁迅的婚姻时说：

当时我为大先生（鲁迅）订了亲，事后才告诉大先生。

他当时虽有些勉强，但认为我既作了主，就没有坚决反对，也许他信任我，认为我给他找的人，总不会错的。后来得知对方（朱安女士）是缠脚的，大先生不喜欢小脚女人，但他认为这是旧社会造成的，并不以小脚为辞，拒绝这门婚事，只是从日本写信回来，叫家里通知她放脚。

（俞芳《我记忆中的鲁迅先生》，浙江人民出版社1981年版）

那个时代儿女的终身大事从议婚、订婚到完婚要经过几道繁杂的程序，母亲鲁瑞在紧锣密鼓、按部就班地操持着，一九〇一年四月十三日，她派人往"丁家弄朱宅'请庚'"，这是婚前的准备，问明女方的生辰，以便择定吉日成婚。以鲁瑞的想法，这一年年底或转年年初就要为儿子完婚，因为绍兴的风俗婚礼大多在冬天举行，而这时鲁迅也应该从南京矿路学堂毕业了。

但是计划往往赶不上变化，一九〇二年初鲁迅从矿路学堂学习期满，以第一等第三名的成绩被保送官费到日本留学，婚事还没有准备好，只能往后拖延。

朱家对周家新台门的长孙应该是认可的、满意的，周家虽已败落，但毕竟是名门望族，翰林之家，生活绝到不了捉襟见肘、难以为继的地步，在这样家庭长大的孩子知书达理，勤奋上进，品行

北京砖塔胡同鲁迅故居

学问都不成问题，况且朱安已经二十岁出头，再不出嫁，更成了"大龄剩女"。听说周公子要到日本留学，朱家的感受应该是忧喜参半，喜的是未来的姑爷留洋深造，前程远大；忧的是姑娘还要待字闺中，不知何时才能完婚。这一切，朱安应该是了解的，但是她也无能为力，只有苦苦等待。

旧时代的包办婚姻是两个家庭之间的事情，用不着征求子女的意见。无论是鲁迅还是朱安都无权过问，只能听从家长的安排，这是导致他们失败婚姻的主要原因。

2. 母亲的礼物

许多文章都记述过鲁迅的新婚，但几乎没有人从朱安的角度分析过她的感受。不错，朱安是没有文化，作为一个旧式的、保守的、弱势的女人，她极少被人关注，既没有文字也没有向人提起过她在新婚之夜的痛苦感受。我们只能从对鲁迅的相关描述中反观、推测朱安的心理。

一九〇六年夏秋时节，鲁迅被母亲以生病为由从日本召回国内，此事确实存在。但鲁迅当时也明白母亲催他回国，生病不过是借口，回到绍兴，与朱安完婚是不可避免的现实问题。

比鲁迅小六岁的堂叔周冠五也住在新台门，两家的关系很

北京砖塔胡同鲁迅故居

好，他与周氏三兄弟都是好朋友，对周家的情况十分了解，当年鲁迅的母亲鲁瑞和儿子的通信大多是由他代笔。当初鲁迅在日本和母亲通信时表示，希望女方能读书、放足，也只是希望而已，并不是把它作为成婚与否的先决条件。

周冠五在《我的杂忆》中说：

鲁母知道我和鲁迅在通信，就叫我写信劝他，我写信后得到鲁迅回信，他说：要娶朱安姑娘也行，有两个条件：一要放足，二要进学堂。安姑娘思想很古板，回答脚已放不大了，妇女读书不太好，进学堂更不愿意。后来把这情况又告诉鲁迅，结果鲁迅回信很干脆，一口答应了，说几时结婚几时到，于是定局结婚。定了日子，鲁迅果然从日本回国，母亲很诧异，又是高兴又是怀疑，就叫我和鸣山两人当行郎，他穿套袍褂，跪拜非常听话。

（《鲁迅家庭家族和当年绍兴民俗》，上海文化出版社2006年版，第245页）

鲁迅最初对婚姻的态度是既不积极响应，也不激烈反对，顺其自然。这个前提是他对深爱的母亲十分相信，虽然败落的周家经济上已十分拮据，他的自身条件也谈不上多出色，长相一般，身材偏矮，正在外地求学，事业前途无所考量，但是天底下的母亲没有不爱自己儿女的，她们会尽其所能为孩子找一个门当户对、条件般配的配偶，这一点他是深信不疑的。十八岁的鲁迅当时在南京上学，没太把婚事放在心上，后来自己多年留学日本，接受新思想、新文化的熏陶，他开始对母亲为自己选择的旧式女人不满意，曾经有过退婚的想法，但一经试探便遭到母亲的极力反对，没有合适的理由，又碍于亲友的情面，退婚对朱家会造成极大的伤害，对周家的声誉也相当不利，于是鲁迅这才提出让对方放足、学文化，这种要求只是希望而已，是不可能实现的，当然最后也都落空了。他克己奉母，侍亲至孝，听从家里的安排，对当时回国成婚是有一定思想准备的。

鲁瑞后来对俞芳说过：

> 倒是朱家以女儿年纪大了，一再托媒人来催，希望尽快办理婚事。因为他们听到外面有些不三不四的谣言，说大先生已娶了日本老婆，生了孩子……太师母又说：我实在被缠不过，只得托人打电报给大先生，骗他说我病了，叫他速归。大先生果然回来了，我向他说明原因，他倒也不见怪，同意结婚。结婚那天，花轿进门，掀开轿帘，从轿里掉出一只新娘的鞋子。因为她脚小，娘家替她穿了一双较大的绣花鞋，脚小鞋大，人又矮小，坐在轿里，"上不着天，下不着地"，鞋子就掉下来了。

（俞芳《我记忆中的鲁迅先生》，浙江人民出版社1981年版）

关于谣言，有这样一种说法：有一次鲁迅在公园看见一位日本妇女，背上背着一个孩子、怀里抱着一个孩子，后面还跟着一个孩子，在拖泥带水地走路。他跑过去，替那位妇女抱过手里的孩子。这件事也许被留学生看见，传言说是鲁迅娶了日本女人，并有了孩子。

这种说法当然是传言，鲁迅是一九〇二年到日本留学，一九〇六年回国完婚，这四年之中，他不可能娶妻生子，而且有了三个孩子！这种传言，鲁迅的母亲和朱家都不会信以为真，只是催他回来的借口。

一九三九年，在鲁迅逝世三周年的纪念会上，他的好友、学生孙伏园回忆道：

> 家中屡次要他（鲁迅）回国去结婚，他不愿意放弃学

业不肯回去。后来家中打电报来了，说母病危，先生回国了，到家一瞧，房已修理好，家具全新，一切结婚的布置都已停当，只等他回来作新郎了。鲁迅先生一生对事业奋斗勇猛，待人则非常厚道。他始终不忍对自己最亲切的人予以残酷的待遇，所以他屈服了。

鲁母以病重为由召他回国，确有其事，鲁瑞也亲口对人说过。问题是，以鲁迅的智商、情商，能不明白这其中另有原因吗？他始终和家里保持通信，母亲的身体状况他是了解的，母亲也许真的身体不适，也许只是一种托词。但回国与朱家姑娘谈婚论嫁的问题肯定是无法回避的，因为六年以前母亲就为他议订了这门亲事，三年前他第一次从日本返乡探亲时，朱家已经来催过婚，这些情况他都是知情的，不可能不想到这一点。须知，一九〇六年的鲁迅已经二十六岁，而朱安已经二十九岁，待字闺中、盼夫成婚已经接近八年了。男大当婚，女大当嫁，朱家的担心、焦急自在情理之中，为女儿着想，不可能不着急，不可能让婚事一拖再拖。鲁迅心里虽不情愿，但是母命难违，只能顺从母亲的安排。所以说，这次回国，对婚事尽管他不满意、不拒绝，但是有预感、有准备，只是没想到事情会来得这么突然，当他走近家门的时候，已经是大红灯笼高高挂，母亲急不可待地在为他准备婚事了。

3. 痛苦的新婚之夜

自然，这场婚姻是失败的，在鲁迅的心里留下了巨大的阴影。既然母亲没有考虑自己的感受，一厢情愿地喜欢她自己选中的儿媳，那鲁迅也只好将这个"礼物"完好无损地还给母亲。

对这个名义上的妻子，鲁迅终其一生也不接受，更谈不上喜欢。

鲁迅不接受妻子朱安，关键的原因许多人都不愿提及或有意回避，这就是朱安长得不够漂亮，缺乏女性应有的魅力，这才是最主要、最根本的原因。

鲁迅也是男人，是二十六岁血气方刚、精力旺盛的正常男人，这种年龄的男人，没有不喜欢年轻漂亮女人的，一般来说，

北京西三条鲁迅故居

相貌身材是他们择偶的首要条件，至于性格、家境、文化程度等等一般会放在第二位、第 N 位去考虑。

朱安的外在条件，婚前鲁迅是清楚的，家境自然不用说，朱家的财势、地位不在周家之下，至少是门当户对。安姑（朱安小名）性情温顺、通情达理，人所尽知。没文化、缠小脚几乎是当时所有女孩子的常态，至于说要求双方志趣相投、有共同语言之类的说辞只能说是吹毛求疵的苛求，一百多年前男女双方婚前没有单独接触的机会，连面都见不上，哪来的共同语言和志趣。况且娶老婆是居家过日子，不是关起门来谈学术、谈理想，总不能要求对方琴棋书画样样精通吧。所以说，对朱安的外在条件，鲁迅说不上满意，但至少能接受，问题是女方的身材相貌如何，年轻的鲁迅最为关心又不好问及，只有心存希望，像大多数人一样，新婚之夜碰碰运气了。

实话实说，鲁迅的运气差了点。

结婚当天，周家新台门锣鼓喧天，张灯结彩，一派喜气洋洋。一对新人，鲁迅和朱安按照当地的风俗把结婚仪式演练完毕。进了新房，两个人默默相对，心情想必是激动万分。当时的鲁迅心里应该是抱着一丝希望的，这最后的希望就是新人的长相。此前朱安所有的外在条件他都是清楚的，家庭背景、文化程度、脾气禀性、年龄等等，至于身材高矮、胖瘦、是否缠足等刚才迎亲的时候也已经亲眼看到，但是唯一没看见的就是新娘的长相，这些外在条件鲁迅尽管不太满意，但是如果新人形象娇美可人，"眼缘"不错，有些其他不足是完全可以弥补的，至少能让他接受。可是万万没有想到的是当他揭开新娘的盖头时，眼前的新娘让他大失所望，有一种三九天掉到冰窟里的感觉。新娘虽说不上多丑，但绝对不够漂亮，绝对在女人的水平线之下，绝对出乎他的意料之外，绝对在他心里能够接受的底线之下。眼前的朱安瘦小枯干，面色黄白，尖下颏，薄嘴唇，宽前额，用周作人的话说："新人极为矮小，颇有发育不全的样子。"那一刹那，鲁迅心里产生的一定是失望甚至是绝望；悔恨甚至是怨恨，也许还有厌恶的复杂感情，以鲁迅的条件而言，名门之后、书香门第、读过书、留过洋，见过世面，他万万没有想到母亲为他找的媳妇会是这种模样。

正是朱安的相貌、身材让鲁迅心底残存的一线希望彻底破灭了，这才是他一辈子都不能接受朱安的根本原因。

父母包办的婚姻是百年前青年男女成婚的主要方式，鲁迅他们那代人都有大致的经历，知识分子接受新思想、新文化，向往新生活，身上却有父母强加的旧式婚姻的枷锁，在痛苦中煎熬挣扎，有的能摆脱，多数在忍受，这样的例子太多太多。

我们只看看胡适，与鲁迅的许多经历有相同之处。十三岁时，双方家长为胡适订下了大他两岁的江冬秀。胡适后来留美，外出求学十几年，英俊有才，功成名就，他也有过退婚的想法，但是在寡母的压力下不得不回家完婚。当年二十七岁的江冬秀也是缠足小脚、目不识丁的乡下"大龄剩女"，胡适之所以信守承诺、始终不弃，两个人白头到老，除了他的性格人品等诸多原因，我以为，江冬秀年轻时的相貌在胡适能够接受的范围之内，是他喜欢的类型，比较而言，江冬秀比朱安要幸运得多、幸福得多。

再说鲁迅，新婚之夜，他是在极度痛苦、极度失望中度过的。母亲在门外探听消息，新房里无声无息，儿子在一旁胡乱翻书，儿媳妇默不作声，两个人一反常态，没有任何亲密的举动。第二天清晨，佣人看见鲁迅的眼睛被被子的靛青染青，他一定是在半夜蒙头痛哭，泪水如注。第二天夜里他便抛下新婚妻子，一个人躲到书房里去睡。那两天的鲁迅极不高兴，面沉似水，神情冷漠，心灰意懒，连新婚夫妇到老台门拜祠堂祭拜祖先他都没有去。婚后的第四天，他便别母抛妻逃离故乡，重返日本。

无爱的、失败的婚姻让鲁迅很快逃离故乡，之所以说是逃离，是因为依常情而言，新婚宴尔，正是两情相依、如胶似漆、缠绵缱绻、难舍难分之际。鲁迅当时也没有非回日本的理由，此时他已经从仙台医学专科学校退学，学籍挂在东京独逸语学校所设的德语学校，基本上不去上课，处于闲居状态，急于返回的主要原因就是为了逃避婚姻，躲避新人。这一去就是三年，三年里与家人，主要是与母亲保持着通信联系，对新婚妻子朱安却只字不提，不闻不问。

作为封建婚姻的受害者，鲁迅的新婚无疑是在极其痛苦、极其失望中度过的。但是有谁考虑过朱安的感受。这个可怜的女人，独守闺房，空等新郎，没想到苦等了八年之久的夫君在新婚之夜不仅对她不管不顾、无动于衷、视如空气，而且蒙头痛哭，不理不睬，这种屈辱、委屈和冷漠是任何一个女人都难以接受的。而更可怕的是，这种屈辱和冷漠几乎维持了一生，朱安无论怎样努力都无法改变丈夫排斥甚至厌恶自己的心理。从此，她成了周家的长媳，做了鲁迅四十一年名义上的夫人，却守了一辈子活寡，一天也没有得到过丈夫的关爱。

朱安默默地忍受着，似乎也只能默默地忍受。在绍兴周家新台门，她是明媒正娶的太太，虽然得不到丈夫的爱情，但是她可以等待，时间是最好的疗伤良剂。

三年后，朱安期盼的一天到了，一九〇九年八月鲁迅回到故乡，不久到杭州担任浙江两级师范学堂教员，转年六月到家乡任绍兴府中学堂学监。学校离家并不很远，鲁迅却长年住校，只在节假日偶尔回家，或拿点衣物，或看看母亲，即使有时住在家里，也是孤灯残卷，彻夜读书，与朱安形同路人，始终分居。

我们无从揣测朱安的心理感受，想必也是痛苦不堪，心如刀割。除了长得不漂亮，她没有任何过错，但是丈夫与她别说是肌肤接触、感情沟通，甚至连语言交流、目光交流都很少。鲁迅对她爱答不理，不闻不问，她成了一名弃妇，一个名义上的妻子。

作为女人，朱安生前死后都得不到公平的待遇，她的人生是孤苦的一生、压抑的一生、悲惨的一生。

想起朱安，就想起鲁迅那句名言："哀其不幸，怒其不争。"

但是我心里又十分理解这个可怜的女人，她无疑是极其不幸的，孤苦伶仃地在煎熬中度日，但是对其不争又实在怒不起来，一个柔弱无助、本分守旧、善良大度的女人，让她如何去争，她似乎只能逆来顺受，只能任凭命运的摆布。

鲁迅对好友许寿裳谈起自己的婚姻："这是母亲给我的一件礼物，我只能好好地供养它。"此话一语成谶，在朱安与鲁迅四十一年的婚姻关系中，她确如一件可有可无的礼物被闲置一旁，而且这件礼物始终不被自己的丈夫所接受、所喜欢，基本上被鲁迅还给了母亲鲁瑞。她的大部分时间用于照料婆婆，几乎从来没有享受过夫妻之爱。

可怜的朱安，本是一个活生生的有感情、有青春、有需求的女人，在丈夫眼里却被当作了没有生命的礼物，悲乎哀哉！

4. 不爱不离：尴尬中的朱安

从一九一二年到一九一九年，鲁迅只身在教育部工作，先南京，后北京，一个人在外独居。朱安始终在老家绍兴照顾婆婆，两个人异地生活。

一九一七年，二弟周作人到北京大学任教授，两年后，周氏家族绍兴新台门的旧居将卖出，鲁迅在北京西城区西直门内公用库八道湾十一号买好了房子，这才决定接家人到北京定居。鲁迅做此决定时，在朱安的去留上似乎不存在问题，自己长年在外，与妻子从无感情，但是朱安在大家庭中的地位是稳固的，被尊重、被接受的。她精心照顾婆婆，善待家人，作为周家的长媳长嫂方方面面做得都是相当称职的。鲁迅没有任何理由抛下朱安不管，他在十二月二十四日的日记中写道："下午以舟奉母偕二弟及眷属携行李发绍兴，蒋玉田叔来送。"

"眷属"自然指的就是朱安。鲁迅虽然在感情上不接受朱安，但作为自己名义上的太太——他的"眷属"，自然应在随行之列。

这是朱安第一次也是唯一一次出远门，而且是北上定居，很可能以后再难回绍兴娘家了，所以走之前她和寡母、兄弟、弟媳和侄子等合照留念。应该说朱安那时的心情是极其复杂的，孤独寂寞、缺乏安全感的她，独守空房十三年，虽然婆家、娘家都是她的靠山，但是离开故土，到一个陌生的新环境生活，始终冷淡自己的丈夫会如何对待自己，她的心里一片茫然。

来到北京，全家十几口人住进了新购置的北京西直门内公用库八道湾胡同十一号院。这里的条件显然好过绍兴新台门，房屋整齐宽敞，修葺一新。

刚到北京的朱安，以为从此可以结束夫妻分居的状态，和"大先生"（对鲁迅的称呼）团圆了，她在整理屋子的时候，特意将两个人的床和被褥铺好，幻想着夫妻能够团聚，同床而居，开始一种全新的夫妻生活。不料鲁迅发现后却把床拆了，不言不语，拿起自己的被褥搬到别的屋居住。可怜的朱安再一次陷入失望和痛苦之中，她知道，自己的丈夫仍然不会接受她，仍然不愿意与她同宿共枕，她的心里只好抱定最后一个希望："好好地服侍他，一切顺着他，将来总会好的。"

鲁迅与朱安仍旧是同院分居，院子分为前、中、后三进，外加一个西跨院。鲁迅的书房和卧室开始先在中院西厢房三间，后来为了安心写作，改住前院前罩房中间的一套三间房子，中院有正房三间和东、西各三间厢房，正房东、西两间分别住母亲鲁瑞和妻子朱安，中间的堂屋为饭厅；后院有一排后罩房九间，周作人一家住后院北房的西侧三间，周建人一家住后院中间的三间，东侧三间是客房；西跨院的房子为储藏室和佣人居室。

朱安在家里的处境十分尴尬，名义上是周家的大少奶奶、大太太、长媳长嫂，在家里却没有经济地位，主持家务财政的是二儿媳羽太信子。

到了北京，从未出过远门的朱安眼界大开，从家里的居住环境、经济条件和来往的朋友中，她明显感受到兄弟二人在北京已经事业有成，不仅收入颇丰，衣食无虞，学问、地位也如日中天，隔三差五家里就有朋友来访。他们大多是京城文化界、教育界的社会名流，衣着体面，气度不凡，可谓是谈笑皆鸿儒，往来无白丁。渐渐地，朱安对丈夫有了新的认识，此时的鲁迅已经不是昨日的周树人了，无论从哪个方面讲，她和大先生的距离越来越远，而让她倍感失落的是远离家乡，远离亲人，身边连个说说知心话的人也没有。

鲁迅当时在教育部的收入是三百大洋，周作人在北京大学的收入是二百四十大洋，加上稿费、讲课费，两个人每月的收入在六百大洋以上。朱安虽然名义上是鲁迅的妻子、家庭中的长媳、长嫂，经济大权却由周作人的妻子羽太信子把持。鲁迅的工资绝大部分不是交给自己的妻子和母亲，而是交给了弟媳羽太信子支配。他不仅不与妻子同屋而眠，甚至连吃饭都是在后院与老二一家在一起，朱安则与婆婆鲁瑞同吃，这种状况很能说明鲁迅和妻子朱安异常的夫妻关系。鲁迅平时对她虽然说不上横眉冷对，但至少也是视若无人，不管不问。朱安守在老太太身边嘘寒问暖、精心伺候，如同婆婆房里的贴身大丫头，而自己的丈夫甚至连话都很少和她说。

鲁瑞后来和小邻居俞芳说起自己的儿子儿媳:"他们既不吵嘴,也不打架,平时不多说话,但没有感情,两人各归各,不像夫妻。"客观地讲,在两个人的关系中,朱安做出过无数次努力,但始终得不到回应,也许在鲁迅眼里,这个旧式的保守女人一无是处。心理上的抗拒、排斥、厌烦让他终生无法接受名义上的妻子。

鲁迅当时的想法是兄弟三人和睦相处,永不分开,幻想着把绍兴老家聚族而居的生活方式照搬到北京,这个愿望只维持了三年多时间就破灭了。

一九二三年七月十八日,鲁迅和周作人兄弟失和,义断情绝,这是他人生经历中最沉重的打击。他必须要尽快搬出八道湾,但问题是妻子朱安怎么办?这是让他颇费踌躇的问题。我相信,从鲁迅的心里是不情愿和朱安搬出去单独生活的,因为与以往不同的是,带她搬出八道湾,意味着将打破过去楚河汉界般的模式,要过一种二人世界的新生活,他情愿独身,也不愿意面对妻子朱安。犹豫再三,在决意搬家时鲁迅向朱安提出:"你是留在八道湾,还是回绍兴朱家?如果要回,我一定按月给你寄钱的。"(俞芳《我记忆中的鲁迅先生》,浙江人民出版社1981年版)这时的鲁迅绝口不提要带她一起搬出去,而是交给她两种无法接受的选择。丈夫的话肯定让朱安心里泣血,极度失望,因为这两种选择都是她无法接受的。

留在八道湾?兄弟闹得水火不容,丈夫搬出去住,自己却留下来,这算怎么回事?回绍兴朱家?结婚十六年,无缘无故被送回去,那不是如同被休了一样,怎样面对娘家的亲人?怎样面对亲朋好友和社会舆论的压力?朱安虽然软弱温顺,但是在这样人生选择的关键时刻,她头脑清楚,并不糊涂,她明白自己的位置，也清楚丈夫的真实想法，她只能带着恳求的语气说："八道湾我不能住，因为你搬出去，娘娘（太师母）迟早也要跟你去的，我独个人跟叔婶侄儿侄女过，算什么呢？……绍兴朱宅我也不想去。你搬到砖塔胡同，横竖总要人替你烧饭、缝补、洗衣、扫地的，这些事我可以做，我想和你一起搬出去。"（俞芳《我记忆中的鲁迅先生》，同上）

朱安说这些话的时候，我想她的心里一定在流泪、滴血，他们夫妻之间像这样的商谈对话是极为罕见的，却没想到涉及的却是让朱安痛心不已的话题。家庭遇到变故，无辜无助的她却要面对这样尴尬绝情的选择。大先生虽然有学问、有地位，但那是她的丈夫，是丈夫在这个时候就应该承担起当丈夫的责任！

不爱不离，这就是鲁迅当年的艰难处境。八月二日，他"携妇迁居砖塔胡同六十一号"。

房子当时是借住许钦文的四妹许羡苏的同学俞芬的空房，有北房三间，夫妻各居一屋。这是朱安自婚后十六年以来第一次与丈夫单独相处，成了身边唯一照顾他的人，她渴望进入鲁迅的世界，与丈夫过上正常的生活。但是情形并未因此而发生变化，朱安虽然小心翼翼地照顾着大先生，洗衣服做饭、料理家务，对痛苦中的丈夫精心呵护，无微不至，但一切努力、付出，都没有得到丈夫的回报。鲁迅对她的态度没有丝毫改变，两个人仍然各居一室，各行其是，除了吃饭穿衣之类的生活琐事，再无其他交流。

平时鲁迅的衣服该换洗的放在床前的一只柳条箱里，朱安洗好后放在另一只箱里。吃饭的时候，两个人极少说话，有时朱安会问问饭菜的冷热咸淡之类的话，鲁迅或简单支应两句，或是略微点点头。鲁迅的裤子还是二十年前留学时代做的，已经补过多少回。朱安实在看不过去了，亲手做了一条新棉裤，等丈夫上班的时候，偷偷地放在他的床上，希望他不留神的时候能换上，这是朱安一针一线充满爱心做成的裤子，没想到鲁迅发现后竟然扔了出去。他对朱安的无情、淡漠和厌嫌由此可见一斑。

朱安有情，鲁迅无意，她不想再改变什么了。

在砖塔胡同的九个月是鲁迅生活中最为灰暗消沉、痛苦挣扎的九个月，他和二弟周作人兄弟成仇，背负污辱被赶出了八道湾周宅，期间的心情极度沮丧，情绪低落，贫病交加，大病一场，在这种情况下还要不停地找房、看房、修房，以安顿好母亲和妻子。

砖塔胡同租住的三间小房，逼仄狭窄，破烂不堪，加在一起只有二十几个平方米。二房东俞氏三姐妹——俞芬、俞芳、俞藻虽然活泼可爱，年轻天真，两家的关系融洽，气氛和谐，但她们有时在院子里嬉闹说笑，也影响鲁迅的读书写作，尤其是母亲鲁瑞时常要往返八道湾与砖塔胡同之间，比较辛苦。鲁迅身为长子，觉得有义务赡养母亲，也好让朱安与母亲做伴，以尽孝顺之责，于是他一刻不停地找房搬家。

三间房中，鲁迅和朱安各居一室，给母亲留出一间。老人时常过来看望，一是关心儿子，二是也可以调节一下家庭气氛，九个月中有一半时间鲁瑞就住在砖塔胡同。等到搬至阜成门内西三条二十一号，母亲和他们一起生活，一切又回到了原来的样子。砖塔胡同本来是夫妻单独相处、改善关系的大好时机，却白白地错过了。

5. 鲁迅去世时的朱安

一九二六年八月二十六日，鲁迅与许广平离京南下，转年一月，鲁迅由厦门赴广州中山大学任教，许广平开始相伴左右，同年十月两个人到上海正式开始同居生活，直到·九二六年十月十九日鲁迅在上海去世。

此时的朱安与婆母鲁瑞始终生活在北京阜成门内西三条二十一号寓所。

十年间，鲁迅两次回到北京探望母亲，朱安对丈夫在上海的生活现状是了解的、默认的。她心里十分清楚，过去在没有外力的情况下，自己尚得不到丈夫的关爱，如今男人另有新欢，并有了孩子，自己再怎么努力也是白费，希望随之破灭了，她凄凉地对俞芳说过："过去大先生和我不好，我想好好地服侍他，一切顺着他，将来总会好的。……我好比是一只蜗牛，从墙底一点点往上爬，爬得虽慢，总有一天会爬到墙顶的。可是现在我没有办法了，我没有力气爬了。我待他再好，也是无用的。"（俞芳《我记忆中的鲁迅先生》，浙江人民出版社1981年版，第142页）

鲁迅葬礼

以鲁迅的为人，生活上不会对妻子弃之不顾。"嫁鸡随鸡，嫁狗随狗"，作为一个没有经济地位的旧时代弱女子，朱安也只能对这种现状默默承受，别无办法。

鲁迅在上海去世后，生活在北京的朱安得到消息，悲痛异常，鲁迅与她虽然没有感情，但毕竟夫妻二十多年，自己名分上就是大先生明媒正娶的太太。相对于上海，北京这边的情况要冷清得多，家里虽然设了灵堂，但除了一些好友、弟子、记者等，来家里吊唁的人和上海没法相比。

朱安的处境是尴尬的，鲁迅在临终前留下了类似遗嘱的文字，一九三六年九月五日，他在杂文《死》中写道："我只想到过写遗嘱，以为我倘曾贵为宫保，富有千万，儿子和女婿及其他一定早已逼我写好遗嘱了，现在却谁也不提起。但是，我也留下一张罢。"随后，他在文中附加了"七条遗嘱"等内容，发表在《中流》杂志九月号上。四十四天后的十月二十日，鲁迅病逝的第二天，天津《大公报》发表了《鲁迅的七条遗嘱》：

一、不得因为丧事，收受任何人一文钱。——但老朋友的，不在此例。

二、赶快收殓，埋掉，拉倒。

三、不要做任何关于纪念的事情。

四、忘记我，管自己生活。倘不，那就真是糊涂虫。

五、孩子长大，倘无才能，可寻点小事情过活，万不可去做空头文学家或美术家。

六、别人应许给你的事物，不可当真。

七、损着别人的牙眼，却反对报复，主张宽容的人，万勿和他接近。

他在杂志中的文章，于七条遗嘱之后，又附加了一句很重要的话，常常被人们所遗漏：

此外自然还有，现在忘记了。只还记得在发热时，又曾想到欧洲人临死时，往往有一种仪式，是请别人宽恕，自己也宽恕了别人。我的怨敌可谓多矣，倘有新式的人问起我来，怎么回答呢？我想了一想，决定的是：让他们怨恨去，我也一个都不宽恕。

这七条，或说是八条遗嘱对自己的后事及家人做了简单地交代，显然是对许广平说的，唯独没有给原配夫人留下一个字。即使这样，朱安还是满怀悲痛在家里布置了灵堂：年近花甲的她全身戴孝，白鞋白袜、白绳挽髻、全身素妆，客厅的饭桌挂着鲁迅最喜欢的陶元庆画的木炭肖像画，桌子上摆着文房用具、香烟清茶，还亲手做了几样丈夫平时爱吃的绍兴小菜供在一边，不大的屋里点燃袅袅香火。致哀的客人和记者来了，她还要逐个接待，亲友散去，她默默地守在灵前。

鲁迅葬礼

次日北京的《世界日报》刊出题为《周夫人述悲怀》的报道中说：

其寓所为一小四合房，记者投刺后，即承朱女士延入当年鲁迅之书斋接见，室中环列书箱书橱甚多，东壁是鲁迅速写像一帧，陈设朴素。朱女士年已届 58 岁，老态龙钟，发髻已结白绳，眼泪盈眶，哀痛之情，流露无遗。记者略事寒暄后，朱女士即操绍兴语谈前两周接其（指鲁迅）由沪来信，索取书籍，并谓近来身体渐趋痊复，热度亦退，已停止注射，前四日又来信谓体气益好。不料吾人正欣慰间，今晨突接噩耗，万分悲痛。本人本拟即日南下奔丧，但因阿姑（按：指鲁瑞）年逾八旬，残年风烛，聆此消息，当更伤心，扶持之役，责无旁贷，事实上又难成行，真使人莫知所措也。

不知是上海方面没有邀请，还是她没有能力远行，也许是为了照顾沉在失子之痛中的婆母鲁瑞吧，朱安没有南下奔丧，事实上方方面面的原因她也不便到上海治丧。朱安一辈子任劳任怨、通情达理、逆来顺受、忍让迁就，做到了一个传统女人能够承受的极致，此时此刻，只有躲在一个被遗忘的角落默默咀嚼心中的痛苦。鲁迅的去世让朱安更觉无依无靠，晚年陷入凄凉贫困的境地。

鲁迅在上海的十年，靠职业写作为生，除了稿费、版税、编辑费的收入，从一九二七年底到一九三五年底还被蔡元培聘为民国政府大学院特约撰述员，不用干活写稿，不用为大学院做任何事情，每月有三百大洋的编辑费，四年里共领了一万四千七百大洋，这笔钱在当时绝对算是巨款。有人统计，十年间，鲁迅平均的月收入为七百二十四元，当年上海一个小学教师的月收入为四十多元，鲁迅无疑属于高薪阶层。他生前每个月负担奉养母亲和朱安一百五十元或一百元的生活费，过节格外从丰，这笔钱当时维持婆媳两个人的中等生活水平没有问题，有时还略有节余。他去世后，北平家中的生活开支由许广平及周作人接济。

对鲁迅著作版权和遗产问题，朱安明确表示由许广平全权处理，从未提出过异议。一九三七年七月，她第一次托朋友宋紫佩给许广平写了一封信，就出版鲁迅全集一事表明自己的态度：

景宋女士：

　　闻先夫鲁迅遗集全部归商务书馆出版，姊甚赞成，所有一切进行以及订约等事宜，即请女士就近与该书馆直接全权办理为要。女士回平如有定期祈先示知，以免老太太悬念。其余一切统俟面谈。此颂

　　时祺。并祝婴儿健康。

　　　　　　　　　　　　　　　　　　　　姊朱氏敛衽

　　　　　　　　　　　　　　　　　　　　七月二日

鲁迅著作的版权是朱安后半生的生活保障，但她全权委托给了许广平。

许广平回忆说："一九三六年鲁迅死后，每月由北新书局支付一百元，到（一九三七年）'八一三'抗战起，即行停付。战争期间，我即托在辅仁大学任教的李霁野先生按月垫给朱女士五十元（这之前，我因儿子身体多病，经朋友介绍，想到南洋工作，要离开上海。曾有信给周作人，托其照顾北京家属。经其回信，说母亲他可以负担，朱女士则不管了。我才无法，转托李霁野先生，每月筹寄五十元的）。"

也就是说鲁迅去世后一年多（十四个月）时间，许广平负担鲁瑞及朱安的生活费，由出版鲁迅著作的北新书局支付一百元。北平沦陷后，自一九三八年一月开始，周作人负担母亲的生活费，每月五十元，朱安仍由许广平供养四五十元。一九四

一年十二月,许广平在上海被日本宪兵逮捕关进监狱七十六天,出狱后因自身困难和邮寄不便等原因,自一九四二年五月中断了对朱安的供给达两年多时间,这期间许广平搬家,但朱安始终住在阜成门内西三条胡同二十一号旧宅,后来一度失去了联系。周作人开始负起赡养母亲和朱安的责任。

　　一九四三年四月二十二日鲁迅母亲逝世,临终前将周作人每月给自己的十五元零用钱转给朱安。这十五元大洋折合当时伪"中国联合准备银行"发行的"联准票"一百五十元。当时朱安和一位无家可归相伴二十多年的老女佣王妈相依为命,共同生活,这笔钱暂时可以维生,但后来随着货币贬值、物价上涨,周作人没有加钱,朱安也不会开口要他加钱,她说过"大先生生前从来没有要过老二一分钱",花与丈夫绝交的周作人的钱她心里肯定是极不情愿的,而来自上海方面的生活费又没有了着落,音讯皆无,当时北平每人每月最低生活费要六百元,朱安及女佣两个人最低的生活开支每月至少要在千元左右,贫困潦倒、体弱多病又步入老年的朱安靠一百五十块钱根本无法维持生活,每天的食物主要是小米面窝头、菜汤和几样自制的腌菜,即使这样,也常常难以保证,到一九四四年已经积欠外债四千多元。

晚年朱安

　　鲁迅去世后,朱安始

终妥善保管着丈夫在北京购买的大量的中外书籍、碑帖等，共计二十三箱又三大书柜。但是到了一九四四年七八月间，由于上海方面两年多的时间中断了接济，生活所迫，社会上传出了鲁迅藏书要出售的消息，后经许广平及鲁迅友人的多方努力，朱安晚年的生活才有了起码的保障，出售藏书风波得以平息。

6. 晚年朱安孤苦离世

朱安的晚年生活十分凄苦，一方面没有经济来源，主要靠许广平寄钱度日，而许广平孤儿寡母，经济状况也大不如前，要同时维持两个小家庭的生活用度，也相当艰难，靠许广平寄的这点钱老人只能勉强维持最低生活水平。另一方面，朱安无儿无女，缺亲少友，年老多病，精神上也倍感寂寞孤独。

"售书风波"后，鲁迅北平遗属生活困顿的消息被外界所知，一九四五年十二月二十一日，《世界日报》副刊《明珠》有人发表文章提议"发起一场捐款运动"，引起了人们对朱安的关注，不少人纷纷给报社或到阜成门内西三条胡同给朱安送去现款。朱安女士虽然没有文化，过着与社会相对隔绝的生活，但是她深明大义，克己自律，多次拒绝一些个人或团体的馈赠。她在由人代笔写给周海婴的信中说："我想我之生活费，既由汝处筹寄，虽感竭蹶，为顾念汝父名誉起见，故不敢随便接受漠不相关之团体机关赠送……故宁自苦，不愿苟取。"老人在竭尽全力维护着鲁迅的形象，但是只有一次例外，一九四六年一月二十四日（农历腊月廿二）国民党中央党部秘书长郑彦芬代表蒋介石馈赠法币十万元，朱安仍不肯收。郑彦芬反复强调，"别人的钱可以不收，委员长的心意一定要领。"朱安只好勉强收下来。几天以后她将此事信告许广平，称："长官赐不敢辞。"当时，物价高昂，其后飞涨，每个月法币都在不断贬值。有人统计：一九四六年初，一百元法币约合今天人民币一元，到夏季，就贬了一倍，二百元法币约合今天人民币一元。如此折算，这十万元法币只相当于现在的一千块钱，越往后越不值钱，所以这笔馈赠对改善朱安的生活起不了什么作用。除了许广平的勉力支持外，只能靠朱安节俭度日。

许广平对有人发起的"为鲁迅遗族募捐"的活动深感不安。她在报上发表声明，谢绝资助。一九四六年一月二十七日，《世界日报》刊载了她的信："两奉惠教，殷殷垂念鲁迅家属生活，无任感荷。平方生活，当竭尽微力，倘劳社会贤达如先生们者费心，实不敢当。因胜利之后，各方待救济较个人为重者实多。"

朱安去世前一日，对前来探访的南京《新民报》记者说："周先生对我并不算坏，彼此间并没有争吵，各有各的人生，我应该原谅他。"

这是朱安一生中唯一一次公开谈论她与鲁迅的关系。从这句话中我们可以看出，可怕的是两个人生活期间不仅极少说话，甚至连争吵也没有，夫妻间的这种状况应该是异于常人的。她从心底对自己的人生肯定有所怨悔，否则不可能说出"我应该原谅他"这样的话。

对丈夫生活中的另一个女人许广平，朱安不仅没表示有怨恨之意，而且还表现出宽容理解的友善态度，尤其是对后期许广平对她生活上的关照深表感谢。临终前一天，她拿出一块蓝绸裤料和一块麻料里子，留给许广平做纪念，还对来访的记者说："许先生待我很好。她最懂得我的想法，她肯维持我，不断寄钱来。物价飞涨，自然是不够的，我只有更苦一点自己，她的确是个好人……"

朱安在病重期间，曾托人代笔致信许广平说："自想若不能好，亦不欲住医院，身后所用寿材须好，亦无须在北平长留，至上海须与大先生合葬。……海婴不在身边，两位侄男亦不拟找他们。此事请您与三先生酌量办埋。"在她心里，最亲的是周家人，是许广平母子和周建人，她在信中将自己的后事详细托付给她们，希望与丈夫合葬一处。

宋紫佩是鲁迅在杭州浙江两级师范学堂教书时的学生，两个人关系密切，他多年照顾老师在北平的家属。朱安去世的前一天，老人已重病在床，头脑清醒，她流着泪对宋紫佩再次强调："请转告许广平，希望死后葬在大先生之旁。"另外，再给她供一点水饭，念一点经。她还说，她想念大先生，也想念许广平和海婴。

十天之后，宋紫佩在给许广平的信中说："琳（宋紫佩名）意（一）可由先生酌核。（二）所费不多，希望顺其意以慰其灵，念她病时一无亲近可靠之人，情实可怜，一见琳终是泪流满面，她念大先生，念先生又念海婴。在这种情形之下，琳惟有劝慰而已。言念及此，琳亦为之酸心。"（见《鲁迅研究资料》第16期第107页）

重病之下的朱安夫人正像宋紫佩说的："情实可怜！"直到临终她心里想的还是大先生，还希望与丈夫合葬一处。她这一辈子，无怨无愧、全身心地献给了周家，献给了鲁迅，生不同床，但求死能同穴！可惜可叹，可悲可怜，老人临终的这点遗愿最终也没能实现。

一九四七年六月二十九日晨，朱安终于度完了凄苦的岁月，孤独地离开了人间。

　　朱安离世时，许广平、周建人一家在上海没有赶回北京，周作人以汉奸罪被关进南京的监狱，老人的身边极少亲属在场。朱安的葬礼按许广平的意思举行，去世第三天被孤零零地安葬在西直门外保福寺村墓地，甚至都没有守在婆婆鲁瑞的墓旁，墓碑上没有留下一个字，这个可怜的女人孤苦凄凉地走过六十九个人生！

　　朱安曾说过："我生为周家人，死为周家鬼。"但是到最后她连和丈夫葬在一起的愿望都没能实现。命运对她实在太不公平了！

　　相对于鲁迅，朱安更为不幸，她一生都没有得到过爱情，孤苦凄凉地走完了悲惨的一生。长得不漂亮不是她的错，长得不漂亮也有享受爱情的权利，但是朱安，终身没有得到丈夫的关爱……

　　关于朱安女士，直到现在，许多文章在她的名字前还冠以鲁迅前妻的字眼，这是很不恰当的常识性错误，是对朱安女士的极不尊重。何谓前妻？前妻是指再婚男人死去的或离了婚的妻子。朱安是鲁迅明媒正娶的结发妻子，虽然他们的婚姻有名无实，但两个人从未解除过婚约，在旧家庭里她始终是鲁迅的夫人、太太、妻子，是名正言顺的原配！

瘦死的骆驼比马大

——揭秘少年鲁迅的"困顿"家境

鲁迅的《呐喊·自序》收在高中的语文课本里，这篇写于一九二二年的散文是他第一次回顾自己的创作经历。在这篇文章中鲁迅提到自己少年时的家境，"有谁从小康人家而坠入困顿的么，我以为在这途路中，大概可以看见世人的真面目。"给人们留下的印象是周家生活艰难、经济窘迫。那么，少年时期鲁迅他们家的生活状况真的陷入困顿了吗？困顿到了什么程度？我们试做分析。

1. 家庭变故：科场舞弊案

我们知道，鲁迅本名周树人，祖上在过去绍兴的覆盆桥左近购房修建了颇具规模的"周家老台门"宅院，人们称之为"覆盆桥周家"。随着周家人丁兴旺，后代繁衍，老宅不敷使用，又在东昌坊同一条街上购建两处宅院，称为"过桥台门"与"新台门"。新台门位于东昌坊街口的西侧，其规模、结构与老台门大致相同，共分六进，有大小房屋八十余间，连同后面的百草园在内，占地约四千平方米。里面住着覆盆桥周氏中的六个房族，而鲁迅是兴房的长子长孙，于一八八一年九月二十五日出生于新台门西侧的故居。

覆盆桥周家是绍兴城的名门望族，鲁迅的祖上曾经辉煌一时，他的祖父周介孚于一八九八年在杭州狱中曾作《恒训》教训子孙，其中说道："至乾隆年，分老七房、小七房（韫山公生七子），合有田万余亩，当铺十余所，称大大族焉。"周家的祖先勤俭持家，将所得盈余，广置田产，到了后代，人丁兴旺，分家析产，有些房族开始将祖产用于投资经营，开设首饰店、钱庄、当铺等等，到鲁迅的曾祖父、祖父这一辈，周氏大家族因各房门生活奢侈、财产争讼、不事生计，再加上太平天国及清兵在绍兴一带的劫掠烧杀，周家已呈颓败中落之势，"卖田典屋，产业殆尽"，只有鲁迅他们家这一支还能维持小康的水平。

一八八一年，鲁迅出生的时候，周家的家境如何？

在鲁迅出生前十年，一八七一年（同治十年）四月辛未科殿试发榜，他的爷爷周介孚三十三岁时高中进士，被钦点为庶吉士，入翰林院庶常馆进修。习满三年，散馆后周介孚赴江西省偏僻的金溪县任知县，因他生性怪僻，恃才傲物，不善逢迎，与上司发生顶撞，被同僚排挤弹劾而丢了官职。其后，

绍兴鲁迅故居

周介孚变卖家里的田产，举债借贷，不惜重金，最后在北京捐了个内阁中书负责誊录、校对的七品官。鲁迅出生时，爷爷正在北京等候补缺，虽说是京官，但是有名无实，俸钱不多，收入仅够他和小妾维持日常生活开支，对家庭经济没有任何帮助。

周作人在《鲁迅的故家·曾祖母》中回忆说："介孚公在京里做京官，虽说还不要用家里的钱，但也没有一个钱寄回来。"以至连周介孚的母亲戴老夫人对独子都很不满意。他偶尔让回来的同乡带一点北京的特产，蜜饯杏脯什么的，老太太不以为意，连正眼都不看一眼，嫌他不寄钱回来。

不寄钱养家，一方面是说祖父的俸银不多，能力有限；一方面也说明家里十几口人不需要依靠祖父的钱生活。

周介孚第一次看见孙子，是鲁迅两三岁的时候，他回家省亲，甚至连路费都很困难，在外做官二十二三年，他极少回家探亲。一八九三年三月，等他带着潘姨太和次子伯升再回到绍兴时，是为母亲戴氏奔丧，回老家"丁忧"守制（指古代官员的父母死去，官员必须停职持丧三年的制度）。同年的八九月份，即发生了导致周家败落的科场舞弊案。

鲁迅在自传中说："在我幼小时候　家里还有四五十亩水田，并不很愁生计。但到我十三岁时，我家忽而遭了一场很大的变故，几乎什么也没有了，我寄住在一个亲戚家里，有时还被称为乞食者。"

亲戚是周氏兄弟的大舅鲁怡堂、小舅鲁寄湘，鲁迅随大舅先住皇甫庄，后迁小皋埠，所谓"乞食"，不过是敏感的少年鲁迅避难时的心理感受，大舅鲁怡堂一家总体上是善待关爱他这位外甥的。

是什么变故让家里变得"几乎什么也没有了"？是他的爷

爷犯下了重罪——科场舞弊。

事情的大致经过如下：

一八九三年，慈禧老佛爷五十九岁，朝廷特意增开了一科乡试，为明年太后花甲万寿的会试恩科预做准备。周家本是书香门第，走的是读书做官的老路，周家的几门亲戚子侄都中了秀才，但没有中举，这一次机会来了，想在乡试中得到功名。

鲁迅的爷爷周介孚身为进士、翰林，居京多年，见多识广，人脉广泛，这时候正"丁忧"在家，几门亲戚找上门来请他帮忙，想为几个子侄在科考时行行方便，走走后门，尤其是他唯一的姐夫章介千为自己侄子参加乡试，极力撺掇周介孚想想办法。周介孚抹不开姐夫和众亲友的面子，推托不过，同时也藏着一点私心，想顺便

鲁迅的父亲周伯宜

为自己的儿子、鲁迅的爸爸周伯宜托托关系，于是便答应下来。

这一年春天，各省的考官陆续放出，负责江南乡试的官员殷如璋正好是周介孚的同科进士，两个人在京为官，私谊甚厚。有这层关系，八月前后周介孚迎着殷如璋的官船行抵苏州，带着些书信名帖，"计纸两张，一书'凭票发洋银一万元'等语；一书考生五人，马官卷（应试所用特卷）、顾、陈、孙、章，又小儿第八，均用'宸衷''茂育'等字样。又周福清名片一纸外，'年愚弟名帖一个'。"（载《光绪朝东华录》）

"凭票发洋银一万元"是所谓的"空票"，事成以后才能支取。马、顾、陈、孙、章，是周介孚托付需要照顾的考生的姓，

当然还有他的儿子周伯宜，"宸衷""茂育"是用来作弊嵌在文章中的字样标记。如此行贿舞弊可谓是设计得天衣无缝，却不料因为用人不当，闯下大祸！

科举是为朝廷选拔人才，历来倍受重视。当时规定，考官不能与地方官员直接接触，以防徇私舞弊。殷如璋走的是水路，取道运河，经苏州再到杭州。按例他不能上岸会客，船停在了苏州阊门码头。

周介孚以"丁忧"之身，不便面见朋友，便派了一个仆人陶阿顺去送信。这个仆人是托付他行贿的几位亲戚之一的家仆，脑子不太机灵。他雇船朝着主考官的大船驶去，将信封交给殷如璋的差人。接到信的时候，殷如璋正和副主考周锡恩（一说是苏州知府王仁堪）在船上谈事，见了周介孚的名帖和信件，殷如璋若无其事地收下，便将信封放在桌上，想等事后一个人时拆开来看。陶阿顺被他手下的随从打发回去。这个乡下仆人不谙世事，心里着急，这么大一笔钱交出去没有下文，怕回去不好交差，他脑子缺根弦，哪里明白官场的那些规矩？站在那冲着官船上大声嚷嚷："殷大人，怎么不打张收条，信里还夹着支票呢？"这一嗓子可闯了大祸，本来殷如璋心知肚明，老同学投帖写信必有要事相托，重金酬谢已成官场惯例，自己不过是装糊涂不理会罢了，没想到这层窗户纸偏偏让陶阿顺这个蠢货捅破了。当着别人的面，殷如璋只能公事公办，打开信封，事情败露，连忙叫人拿下陶阿顺，并把周介孚的信件、支票交给地方官查办，一场轰动一时的科场舞弊案由此引发。

科场舞弊历来是重罪，周介孚一案层层上报送到朝廷。光绪皇帝龙颜大怒，连下几道谕旨，决定要从严处置。先令浙江巡抚崧骏认真调查，据实上报："科场舞弊，例禁綦严。若如所奏各情，殊堪诧异。着崧骏严切根究，务得确情，按律定拟具奏。"后又批谕吏部将犯官革职，拘捕严办："……案关科场舞弊，亟应彻底查究。丁忧内阁中书周福清着即行革职，查拿到案，严行审办，务得确情，按律定拟具奏。"

案子的受理由刑部负责，考虑到周介孚行贿未遂，又有投案自首的情节，似可罪减一等，建议免去死刑，"拟杖一百，流三千里"。但光绪皇帝坚持要施以重刑，当天就在刑部的奏章上批复："……周福清着改斩监候，秋后处决，以肃法纪，而儆效尤。"涉案的相关考生革除功名，取消考试资格。

所谓"斩监候"，类似又不同于今天的死刑缓期执行，一般来说，现在的"死缓"即免除了死罪，但"斩监候"是在监里"候"着，不知什么时候要掉脑袋。按照大清律法，死刑多在秋天执行，简称"秋决"。到这个时候，罪犯家属都要担心亲人的性命能否保住。

"斩监候"一年一审，省里呈报刑部，刑部再呈皇上御览圣裁，皇上的朱笔圈在哪个犯人的姓名上，犯人就要掉脑袋，没圈的则在狱中继续服刑，等待来年宣判，三年不圈，则免除死罪。每年皇上"予勾""免勾"，全看大臣们在奏折上怎么写。周家人要拯救周介孚的性命，不能不上下打点，监里、府里、省里、部里，每一个环节都要花大把的银子，几年下来，本已坐吃山空的周家钱财被渐渐榨干，除了卖田，只能变卖家产了。

周介孚入狱，为了上下打点，疏通关节，家里卖了几亩上好的水田，换了五百大洋，请本家诚房的子传公公到衙门活动，费尽了周折，却未见成效，倒把子传公公累病了。奔忙了半天，等来了周介孚被皇帝判处"斩监候"的消息，为救祖父性命，周家陆陆续续卖了水田二三十亩,周建人说:"除公共的祭田外,兴房（鲁迅他们家）只剩下稻田二十亩，要靠它吃饭，不能再卖了。"这二十亩水田，一家人要靠它收租赖以维持生活。

周作人在日记中多次记载了少年时收租要账的情形，一八九九年十一月："十九日，上午小南山佃高秉祥来……楼下陈佃亦来（程七斤）……""二十一日，至陈家湾收租，吃点心。租水九分二……又至六禾庄午餐，尝新谷。两共收二十袋……""二十二日，往五云门外收租……"等等，这个时候，他们的爷爷关在杭州的监狱，父亲周伯宜又身患重病，家里"只能当当头了"，"当头"就是指首饰和贵重衣物等值钱的东西。

周介孚一辈子读书做官，生活优裕，没过过一天苦日子，即使关在大牢里也不能让他受一点委屈。他在杭州的狱中八年，小他三十一岁的姨太太潘大凤带着继子、比鲁迅还小一岁的叔叔周伯升在杭州狱府附近的花牌楼租房住下，时常看望照料老爷子。次子伯升考学离开以后，孙子周作人也曾经在杭州陪伺爷爷近两年时间，潘大凤在杭州的家里还雇着一男一女两个佣人。周介孚作为"钦犯"，在狱中享有种种特权，除了不能出监自由活动之外，生活起居各方面条件明显优于他人，在狱中住单间、免枷锁，吃着小灶，看书写字，喝酒聊天，会见亲友，优哉游哉，这一切周家没有一定的钱财供应根本无法支撑。

一九〇一年，经庚子国变，两宫回銮，大赦囚犯，周介孚因有自首情节，又加上犯罪未遂，"查该革员中途求通关节未成，较之交通关节已成未中者，情节似有区别。其所开洋票，系属自写虚赃，与议单文券不同，且财未与人，未便计赃科罪。揆其事后闻拿投首，尚有畏法之心，应否比例量予酌减科断之处，恭候钦定。"奏上获准，败家的周介孚在几乎花光了家里的钱之后，终于在一九〇一年四月获释，出狱三年后去世。

2. 医治父病，出入当铺

"屋漏偏逢连阴雨"，老爷子出事后不久，鲁迅的父亲周伯宜又得了一场大病。

在绍兴，覆盆桥周家是名门望族、书香门第，他们家境殷实，子弟以读书为本，不用生产劳动。周伯宜读了一辈子书，三十岁时中了秀才，但后来却科场蹭蹬，屡应乡试未中，一直闲居在家，准备科考。

明清时代考中秀才，代表有了"功名"在身，在地方上受到一定的尊重，享有一定的特权，秀才见了官可以不用下跪，自称生员，不称小的，叫官员主公而不必叫老爷，官府对秀才也不能随意责打，除非革除了秀才的名分。但是考中了秀才，经济上不一定得到改善，不一定能带来财富，国家不管分配，不算公务员，没有工作，自然也就没有俸禄。家庭贫穷的一些秀才，除了继续参加科举，最后多数以设塾教书或坐堂行医谋生，也就是人们常说的穷秀才。周伯宜家境殷实，居家读书，幻想着子承父业，科举求仕，光宗耀祖，他一辈子没出去工作过，当然也没有任何收入。

父亲周介孚的"科场舞弊案"让周伯宜的梦想彻底破灭。事发之初周介孚潜逃到上海，以治病为名躲了起来，在外赶考、毫不知情的周伯宜被扣押考卷，儿顶父罪，进了一段时间监狱。后来躲到上海的周介孚潜回老家，怕连累家属，投案自首。儿子出狱后不仅被革了秀才的功名，而且永远不让他再参加科举考试。这对于一个旧时代的读书人来说，无疑是最致命的打击，不能参加科举，意味着一辈子再无出头之日了。周伯宜在狱里受了气，又绝了科考之路，遭此重创，心情抑郁，落寞寡欢，每天借酒浇愁，后来又吸上了鸦片，一来二去，身体渐渐垮了，遍请名医，诊治无效，一八九四年终于病倒，先是咳嗽，然后吐血，最后水肿，病了三年多，家里花钱无数，最后却为庸医所误，三十六岁的他于一八九六年去世。

为父亲治病，周家又是一大笔花销，鲁迅在《呐喊·自序》里写道：

> 我有四年多，曾经常常，——几乎是每天，出入于质铺和药店里，年纪可是忘却了，总之是药店的柜台正和我一样高，质铺的是比我高一倍，我从一倍高的柜台外送上衣服或首饰去，在侮蔑里接了钱，再到一样高的柜台上给我久病的父亲去买药。……然而我的父亲终于日重一日的亡故了。

质铺就是当铺，周家那时因老爷子案发，几乎掏空了家底，水田不能再卖了，唯一的办法就是典当，其实就是低价出卖家中的物品，因为已经没有能力赎回了。

周家遍请外医，为父亲治病，他们之中大多是徒有虚名的庸医，故弄玄虚、装腔作势、勒索钱财、草菅人命，有的医生为了显示自己医术高超，与众不同，故意开出一些稀奇古怪难以寻找的药方或药引难为家属，如多年埋于地下已化为清水的腌菜卤，房上经霜三年的萝卜、甘蔗，陈仓三年的老米，甚至一对原配同窠（同居一穴）的蟋蟀等等，花样繁多，无奇不有。鲁迅作为病人家属，屡被刁难坑害，费尽周折找这些东西，而最终父亲的病不见起色，少年的他那时便感到中医不过是一些有意或无意的骗子。

鲁迅在《父亲的病》一文中还记录了一些为父亲治病的大致费用。

　　我曾经和这名医周旋过两整年，因为他隔日一回，来诊我的父亲的病。那时虽然已经很有名，但还不至于阔得这样不耐烦；可是诊金却已经是一元四角。可是那时一元四角已是巨款，很不容易张罗的了；又何况是隔日一次。

　　鲁迅记载的只是一位名医两年时间的出诊费，累计超过了五百元，还不包括那些稀奇古怪的药费。为治父亲的病，周家花的钱，保守估算至少也应该在千元以上。这在当时，绝对是一笔巨款。

　　鲁迅的少年，周氏三兄弟年幼，无力挣钱养家，小叔叔周伯升的年龄比鲁迅还略小，家里的祖父和父亲，可以说一辈子只花钱没挣过钱，吃的都是祖产。家里除了日常生活开支，还遇上了几件数得过来的大事要屡屡花钱，祖父卖田捐官、入狱打点，父亲治病、去世，四弟、祖父、继祖母去世，三个孩子上学，鲁迅周作人兄弟留学、结婚等等，这些额外的开销，每一项都不是小数目，尤其是为救祖父出狱疏通关节八年多，为父亲治病三年多，花的钱款数目巨大，像流水一般。

　　鲁迅的爷爷身为翰林，为官多年，但俸禄有限，对家庭经济没有什么帮助，他先后娶了五位太太：鲁迅的祖母孙夫人（生长女周德官、长子周伯宜）、继祖母蒋夫人（生次女周康官），三个姨太太——薛氏、章氏（生次子周伯升）和小他三十一岁的潘大凤。周介孚在外科考、做官历时二十二年（候补九年），不仅没有给家里寄过什么钱，而且花了不少钱，也就是说光有投入，没有回报。他一半时间当官，清正廉洁，俸禄有限，一年的禄米、恩俸加上别敬，仅够自己小家庭的日常用度而已；一半时间卖了家里的田两次捐官，在京城候补内阁中书，对家庭经济不仅没有什么贡献，而且还要负担他捐官候缺的各种开销。北京的同乡故旧都知道他囊中羞涩，有时甚至连坐车都不让他付钱，"科场舞弊案"的发生更是让家里花钱无数。所以，鲁迅少年时的周家早已风光不再，有翰林之名，无翰林之实。

鲁迅的父亲周伯宜一辈子坐食家中，不事生产，专心读书，中了秀才，但没有收入，基本上都是"啃老"，靠祖业维持生活。后来又身患重病，买药看病，典当家产。

鲁迅从一九〇二年至一九〇九年在日本留学七年，周作人一九〇六年至一九一一年留学日本六年，两个人虽然都是用的"官费"，但勉强仅够自己开销，对家庭经济没有任何帮助。官费的额数，鲁迅在《杂论管闲事·做学问·灰色等》一文里说到，"记得自己留学时候，官费每月三十六元，支付衣食学费之外，简直没有赢（盈）余。"

据周作人《鲁迅的故家·校对》所记："鲁迅那时的学费是年额四百元，每月只能领到三十三元。在伍舍（周氏兄弟与许寿裳等共五人合租）居住时就很感不足，须得设法来补充了。"两个人记载的官费数目出入不大，他们在日本的生活，食宿学费等等开销靠官费勉强可以支撑，家里用不用贴补不清楚，但他们肯定无力寄钱养家。

也就是说，到了鲁迅这一辈，即使没有后来祖父入狱、父亲生病这样的灾难，周氏家族也已经是坐吃山空，有出无进了。

然而，"坐吃"也得有的可吃？没有家底，靠什么吃？周家是破落了，但绝没有破产，并不像鲁迅所说的"坠入困顿"，日子过不下去了。

3. 周家的田产、房产和家产

周家"坐吃"的是什么？很显然，是祖上留给每一个房族的产业——田产、房产和家产。

先说田产。

鲁迅的爷爷很看重田产，他在《恒训》中嘱咐后代，有了钱一定要买田置产，"有恒产者有恒心"，这才是守业发家的根本。鲁迅他们这一房子——兴房，单传到周介孚，继承祖上的田产大约七十五亩，到了鲁迅这一代，"听人说，在我幼小时候，家里还有四五十亩水田，并不很愁生计。"周作人也在《鲁迅的故家·晒谷》中说："大概在前清光绪癸巳（一八九三）年时智兴房还有稻田四五十亩，平常一亩规定原租一百五十斤，如七折收租，可以有四千多斤的谷子，一家三代十口人，生活不成问题。"收来的谷子中，吃不了的部分可以卖掉变现，作为家庭的日常开支。

周介孚说得不错，有钱了一定要买田置产！问题是他们父子都不曾挣过什么钱，根本没有余力置办田产。家里的产业都是祖上留下来的，到他们手里不仅没见增多，而且逐渐变卖减少。

从七十五亩降到四五十亩，很可能是鲁迅出生前他爷爷为买官职候补而卖掉的。

另外，鲁迅他们家还有祖上留给家族后代的两笔共同财产，一是公祭田，一是读书田。

公祭田是祖先为了享受子孙的祭祀而置办的田产，是家族的共同财产，不属于任何一个房门私有，每家按年轮值，用田产的收益负责家族祭祖扫墓时的各项开支，每一房门轮流管理，轮流纳税，轮到自己管理的那一年，开支以外，剩余的部分归自家所有,它的收益之丰有的甚至超过了自己家里的田产所得。

周建人在《鲁迅故家的败落·失去了曾祖母》中说:

> 我们覆盆桥周家有两个较大的祭祀值年,一个是三台门公共的祖先致公祭,据说有三百多亩田,由致、中、和三大房轮值,这要二十七年才能轮到一回。一个是致房的祖先佩公祭,据说有一百六十亩田,由致房派下智(下面又有兴、立、诚三房)、仁(下面又有礼、义、信三房)和勇(单丁,下面未分房,住在老台门)三房轮值,九年轮到一回。祖宗留下田产,叫做(作)祭田,由各房轮流收租,轮流办理上坟祭扫和做忌日等事情,这就叫做(作)祭祀值年。

因为轮值的两项祭田多达一百六十亩、三百多亩,可以收很多租谷,摊派到家族祭祀祖先的费用不到收入的三分之一,剩下的就可以留作家用。轮到祭祀值年,这一家可以获得一笔可观的收入。鲁迅他们家属于致房下的兴房独支,佩公祭九年轮到一回,他出生后,共轮到四次:一八八四年、一八九三年、一九〇二年、一九一一年,更多收入的致公祭至少在他爷爷、父亲两代中肯定轮到过,这是周家除了几十亩水田收益之外的额外进项。这些公祭田每房每支不能变卖出让,但是在家里突遭变故急用钱时可以转让给同族的其他亲戚,以获取一定钱财。

读书田的性质也是一样,"各随值年轮收纳粮,以为延师之资。"即使它的收入不如公祭田,但孩子们上学的费用省下了。

俗话说:"百足之虫,至死不僵",鲁迅说的"困顿"是文学语言,是相对于过去周家的富有说的,周家即使彻底败落,有出无进,坐吃山空,遇到危难,靠变卖维生,但是,平时的日子远没有到捉襟见肘、举步维艰的地步,吃饭穿衣总不成问题，比一般的普通家庭要强出不少。

再说家产和房产。

除了上面所说的田产收入，周家还有厚实的家底，几代积累下来的财物足以抵挡一些不可预测的风险。

鲁迅说："我有四年多，曾经常常，——几乎是每天，出入于质铺和药店里……"四年多，几乎是每天去当衣服或首饰，一天一件，四年下来粗算应该也在千件左右，这些家当，数量可观，可见周家的家底之丰厚。

俗话说："瘦死的骆驼比马大"，经过多少年的折腾，我相信，周家应该还有一些可卖的值钱的东西。直到一九一九年十二月四日，鲁迅最后一次回到老家绍兴卖掉祖屋接家人迁居北京时，除了家具用具、十二箱子书，家里还有赵孟頫、任伯年、徐长文、陈老莲、赵之谦等人的书画，这些名人字画，即使在当年，也应该价值不菲，这说明周家远没有穷到家徒四壁的程度。

另外，除了新台门，鲁迅他们家还有其他的祖传房产以供出租。

周作人在《鲁迅的故家·新台门》中说："厅屋三间，迤西一带是大小书房及余屋，后来出租开张永兴寿材店的。"

周冠五说："以房产而论，除老台门、新台门、过桥台门三所巨宅外，从福盆桥至东昌坊口南北两边的小街屋、小住宅多数为周氏所有。……大云桥和大街、大路一带也有周氏的房产。"虽然他没有具体说明这些房子是哪些房门的，但作为周氏大家族的一支，鲁迅他们家很可能占有一定份额。

台门里其他房族的房子，有的因为没有后代，也有并到了兴房鲁迅他们家的。鲁迅的堂叔祖子京公公是周介孚的堂弟，因为两个儿子逃走去世，没有了后代，其房产及祭田由鲁迅的小叔叔周伯升继承。周建人回忆，大哥结婚、家里修房子的钱是母亲鲁瑞典掉一部分房子，换了钱完成的。至于还有没有其他的房子出租，租金多少，我们不得而知。周家这时是败落了，但是在东昌坊口新台门府邸还有十余间房子，加上可供出租的店铺，周家绝没有困难到吃不上饭的地步，否则二十岁出头的周氏兄弟不可能在日本留学多年，家里不可能还长年雇着佣人、帮工。

周作人在《知堂回想录·先母事略》中说："虽然家里也很窘迫，但到底要比别房略为好些，于是有些为难的本家时常走来乞借，总肯予以通融周济。"家里虽然经济窘迫，日子不算富裕，但亲戚们还能上门求借，母亲还有些余力帮助别人，可见鲁迅他们家的生活不成问题。

到了一九〇九年，周氏兄弟还在日本留学，这时家里的经济状况真到了山穷水尽的地步。鲁迅这时已经二十九岁，周作人二十五岁，两个人都已经结婚，还在日本读书，还没有工作和收入，而家里的日子一天不如一天，连仅有的祭田都已经卖绝，这年八月鲁迅才不得不从日本回来。

从一八九三年祖父出事直到鲁迅兄弟一九〇六年同在日本留学，这十几年中，周家没有一个人工作，没有任何额外的收入，正是靠着祖上留下的田产、家产和房产，周家才能保住大宅门不卖，才能继续雇着若干仆人，三个兄弟也不用为生计奔忙，安心读书。

鲁迅所说的"困顿"是和过去相比，周家几经打击，肯定是日渐没落了，但绝对没有断炊冻饿之虞，只是闲钱不多了而已。

鲁迅的祖父周介孚

在所有亲人之中，鲁迅和祖父周介孚的关系最不好，但他的性格又受祖父的影响最深。

周建人在回忆鲁迅的文章中多次提到："鲁迅非常与父母要好，但不大喜欢祖父，然而他的性情，有些地方，还是很像祖父的。这是没有办法的事情。""鲁迅不喜欢他的祖父""鲁迅与他（指周福清）的关系不很好，他们见面也很少"等等。

在鲁迅留下的几百万字的文章中没有一处提到过祖父，这也许最能说明他对祖父的态度。然而，潜移默化中，他从祖父身上继承了许多东西，与父亲相比，他更像祖父。

鲁迅的祖父周介孚

1. "皇上是什么东西"

鲁迅的祖父周介孚一八九三年夏秋因科场行贿案被判处"斩监候",关在杭州狱中的时候,曾给儿孙们写了一本《恒训》,在结尾处他评价自己说:"予性介,运复蹇,不能积财以封殖……"这算是对自己比较公允的认识。

先说性介。

周介孚,名致福,后改为福清,在绍兴书香门第的周氏大家族中是出类拔萃的佼佼者。他三十岁中了举人,三十三岁中

绍兴鲁迅祖居翰林匾

进士,这在读书人当中可谓一帆风顺,功成名就。一般来说,满腹经纶、饱读诗书的知识分子,很容易恃才傲物,特立独行,周介孚概莫能外。他的性格说好听一点,是耿介刚正,不同流俗,直率坦荡,口无遮拦;说难听一点是不识时务,不明事理,不通人情,迂执乖戾。直白地讲,是智商不错,情商太低,几乎与所有人都处不好关系,在讲求人情的社会环境中自然处处受阻。进入官场,周介孚便因性格原因碰了钉子,他三十三岁被钦点为翰林院庶吉士后,入庶常馆深造,按清朝惯例,三年结业,名为散馆,

成绩优秀者被授以翰林院编修或检讨，居京留任。

翰林院庶吉士是朝廷的高级后备人才，是读书人科举考试金字塔的塔尖，极为荣耀，前途无量。不仅能得到皇上的赏识和恩宠，而且官职上很有可能得到进一步的升迁。

但是清朝的翰林也有黑红之分。红翰林，可以上天入地，所谓上天就是成为天子的近臣，有机会得到皇帝的恩典，"近水楼台先得月"，升迁的机会相当多，荣华富贵自然不缺。所谓入地，就是外放到地方做主考或者学政等实职，到了地方就是朝廷钦差，官员远接高迎，弟子门生如云，不仅能增加仕途上的广泛人脉，而且还有各方面孝敬的银两收入。

至于"黑翰林"，那就是上不着天，下不着地，上下够不着，或者在京城苦熬，或者到地方当一个小官。

翰林的出路，一看考试，二看关系，官场仕途，历来如此。周介孚在北京散馆之后，也许是成绩不理想，也许是人际关系没处理好，他的命运就类似于黑翰林，被外放到偏僻贫穷的江西金溪县当了知县。清朝官员的俸禄少得可怜，知县一年才拿四十五两银子，如果没有点灰色收入，这点钱连养家糊口都成问题。可以说，进入官场的第一步，周介孚就栽了跟头。偏偏他不吸取教训，我行我素，率性而为，在任上与上司发生顶撞，干了三年，最终被弹劾罢官。

周介孚在任上的所作所为，几乎没有资料记载，谈不上有什么政绩。两江总督沈葆桢对他的评价是："办事颟顸而文理尚优"，请旨"归部改选教职"。也就是说，办事糊涂而马虎，不适合干行政。但毕竟是朝廷认可的翰林出身，文笔还应该不错，可以干一点与文字教育有关的专业工作。

据说，周介孚被免职的主要原因还是性格问题，他虽然为官清正廉洁，不贪不占，但自视甚高，恃才自傲，看不上那些不是科甲出身的上司，他既不会阿谀奉迎，更不屑巴结讨好，言语上还多与上级发生冲撞，这样的人在官场如何混得开！有一次他到知府晋谒，不知为何，话不投机，让抚州的知府大人下不了台，于是便抬出大帽子来压他，说："这是皇上家的事。"周介孚竟然脱口而出："皇上是什么东西，什么叫做（作）皇上？"出言不逊，口无遮拦，犯了官场"大不敬"之忌。诸如此类的张狂之举肯定还有，目空一切，妄议妄为，尤其是处理不好与上级的关系，一味"抗上"，不懂政治规矩，这样的人任何时候都不会有好果子吃！

绍兴鲁迅祖居德寿堂

这是对上，对手下办事的那些胥吏衙役们，周介孚"防范周密，驾驭綦严，不容有少些隙漏为其所乘"，也许他严格自律，办事认真，但苛刻无情，责人过严，不给手下机会，挡了人家的财路。如此做人，上上下下的关系都搞得十分紧张。

2. "大不孝"的传闻

其后，又发生了"大不孝"的传闻。说来颇有戏剧性。

周介孚到江西做知县，迎养老娘戴夫人于任上，续弦蒋夫

人及一位姨太太随任。他和蒋夫人感情不睦，经常在姨太太房
中休息，引起了夫人的不满，有一次蒋夫人到他们窗外偷听，
让周介孚发现了动静，在屋里骂了一句："王八蛋！"蒋氏听了，
心中窝火，又不好发作，于是便想出一计，报复丈夫，她诱使
婆婆戴老夫人也去听窗。老太太胸无城府，没有多想，第二天
也来到姨太太窗外，蒋夫人故意发出一些声响，屋里的周介孚
听到窗外窸窣有声，以为还是蒋氏在偷听，没加注意，照例骂
了一句"王八蛋"！这一下，捅了娄子，戴夫人以为儿子骂自己，
大哭大闹，弄得衙门上下都说县太爷骂了自己的亲娘。也怪他
得罪的人太多，此事经过发酵渲染，传到了上司的耳朵里，正
赶上两江总督沈葆桢整肃吏治，"大不敬"加上"大不孝"，自
负清高又个性张扬的周介孚便被弹劾落马。

再说"运蹇"。

俗话说：性格即命运。"性介"的结果自然就是"运蹇"了。
蹇，指行动迟缓，困苦，不顺利之意。周介孚的官运实在是太
差，极不顺利。

从江西金溪知县罢官以后，周介孚回到北京寻找机会，卖
了家里的田在陕甘地区捐了一个同知职衔。知县是七品，同知
是五品，相当于今天的副地、厅级干部。但是吏部考虑到沈葆
桢的评语"办事颟顸""改选教职"，自然再难补他实缺，保留
其七品级别而不实用，把他晾在一边了。周介孚经人指点，又
花钱捐了个"内阁中书"职务。一直在京城苦苦候补了九年，
才于一八八八年在内阁当了个抄抄写写的七品小官。本以为从
此可以踏踏实实地过他的平安日子，没想到，四年之后的一八
九三年二月十六日除夕那一天，鲁迅的曾祖母、周介孚的母亲
戴老夫人在绍兴去世，享年七十九岁。他接到电报后，由天津

坐邮轮抵上海、奔绍兴，走水路，辗转近一个月，带着姨太太和另一位已去世的章姨太所生的小儿子回乡丁忧，为母亲守孝。这一年他已经五十七岁，潘姨太二十六岁，小儿子伯升只有十二岁。三年守制期满，年近花甲的他官场生涯即将结束，想起来就让人心灰意懒。料理完母亲的丧事不过几个月，就发生那场轰动一时的科场行贿案，周介孚极不顺利的官运就此终结。

最后一句"不能积财以封殖"，很好理解。

性格耿介，清廉自律，自然极少灰色收入；加上官运不佳，大部分时间在京城待业候补。周介孚的收入十分有限，仅够维持小家庭的基本生活而已。

积财，就是积累财富；封殖，就是聚敛财货。为官几十年，大部分时间候补，少部分时间得到实缺。周介孚不仅不能积财，为家庭做贡献，反而花了家里大把的银子，两次卖田买官，后来入狱打点救命，周家几乎花光了家底，彻底走向败落了。

在周介孚没出事之前，在外当官二十多年，他只回过一次家探亲，平时也没往家里寄过钱，以至连他的母亲戴老夫人都很不高兴。人不见，钱不寄，顶着个翰林的虚名而得不到实惠，家人自然是不满意的。偶尔他让回来的同乡带一点北京的土特产，蜜饯、杏脯、榛子、茯苓饼、葡萄干什么的，老太太不以为意，连正眼都不看一眼，嫌儿子不带银子回来。从经济收入的角度看，可以说周介孚对家庭没有任何贡献，他甚至比那些坐食家中、靠祖业维生的"台门货"糟踏更多的钱。

周介孚科场顺利，官场蹭蹬，命运多舛，时运不济，一生中经历了两次漫长的等待：前半生等待候补做官，翰林院深造三年，知县干了三年被免，然后从一八七九年"卖田捐官"，一直在京城坐冷板凳，直到一八八八年等了九年才得了个内阁中书的实职，只干了四年多就回籍"丁忧"。后半生等待判刑，犯案入狱后，从一八九三年到一九〇一年，被光绪皇帝钦定为"斩监候"，坐了八年多的大牢，年年提心吊胆地等候秋审，不知何时人头落地。这种煎熬、这种折磨，非一般人心理能够承受，本来就性格古怪、脾气乖戾的周介孚对人情世态早已看淡。他的人生可以说是失败的人生，对家庭除了一度获得好的名声以外，没有任何实际的贡献可言，仕途屡屡受挫，做官不仅没挣到钱，捐官、入狱还耗尽了家里无数的钱财。做人没落下朋友，上下左右关系闹得紧张，连亲人都与他感情疏远。

3. 最大特点是骂人

周介孚的行为表现，最大的特点是骂人，当然，他自己在《恒训》中没有涉及。

先说骂人的范围。

周作人回忆道："介孚公平常所称引的只有曾祖苓年公一个人，此外上自昏太后、呆皇帝（西太后、光绪），下至本家子侄辈的五十、四七，无不痛骂，那老同年薛允升也被批评为糊涂人，其所不骂的只有潘姨太太和小儿子……"

苓年公是鲁迅的曾祖父、周介孚的父亲。作为家中的独子，自视甚高的他唯一佩服的只有自己的父亲苓年公，除此之外，皇帝、太后也不放在眼里，这是他十分可爱的地方，不卑不亢，不畏权贵，那些知府、巡抚什么的上级更不会屈尊低眉去敷衍逢迎。本家侄子五十、四七等不肖子弟，不务正业，游手好闲，吸鸦片喝大酒，落魄消沉，更是他谩骂的对象，甚至手持八角铜锤在台门大厅里追打过不争气的子侄四七。周介孚当年到江西金溪任知县时，带的就是四七，没想到自己看中的侄子竟沦落成穷困潦倒的瘪三。

薛允升是周介孚的"同年"（同科进士），后来官至刑部尚书，他利用手中的权力，援引八国联军入侵时"乱中离监逃散事平后又复还投案者可以免罪"的规定，借故说情，求太后释放了周介孚。周介孚不仅不对人家的救命之恩感恩戴德，出狱后反而说薛允升糊涂，自己的案情与朝廷的相关规定不符，按理说是不应该放的。这话虽不说是忘恩负义，但至少也是口德不好。

买来的姨太太潘大凤小他三十一岁，小儿子是他四十五岁时与去世的另一位姨太太章氏所生，三人一直在北京生活，相依为命，来到绍兴新台门后，只有这两个人是不遭骂的。

俗话说："伤人以言，甚于刀剑。"周介孚读了一辈子书，见多识广，满腹经纶，论知识、论文化、论地位都是人中翘楚，但就是嘴不好，喜欢批评人，刻薄尖损，不留情面，四处结怨，不知不觉把人都得罪了。

周介孚与原配孙夫人生有一长女德姑，待字闺中，年龄过了二十，耽误了婚期，进入当时的"大龄剩女"行列，按照绍兴当地的风俗，二十岁以上未嫁的称为"老大姑娘"，只能委屈着做别人的填房了。他在赴任江西县令前，家乡会稽县县令俞凤冈的妻子刚刚去世，有意想娶德姑为续弦，托媒人到台门里来说亲，周介孚不同意，婉言谢绝也就罢了，但是他嘴不饶人，说了一句："癞蛤蟆想吃天鹅肉！"媒人碰了一鼻子灰，把这话传了回来，俞凤冈求亲不成，反遭羞辱，于是怀恨在心，科场案发后，他还在知县任上，作为地方父母官，自然是袖手旁观，毫不通融。

当年新台门里礼房的新女婿陈秋舫是个秀才，婚后住在岳丈家新台门后面百草园的三间房里，也许觉得这里房屋宽敞、环境优雅，住了好长时间没有离开的意思。这件事本来和周介孚一毛钱关系也没有，可是他素性爱议论别人长短，忍不住挖苦讥讽道："在布裙底下躲着的是没有出息的东西，哪里会得出山？"出山意味着出任官职，出来主持某种事务或担任某种职务。周介孚骂人家贪图安逸，依靠娘家吃软饭，没出息，难有出头之日。

陈秋舫听说后，气愤至极，立即告辞岳家，扬言不出人头地、不有所作为，决不再进周家的门。后来他果然发奋努力，高中进士，做了苏州知府王仁堪的刑名幕友，负责官司诉讼。科场舞弊案的案发地就在苏州，当时来浙江省任主考的殷如璋，在阊门码头船上会见的当地官员一说就是知府王仁堪，周介孚信中夹着支票行贿通关节一事败露，官司交由苏州地方官府审理，周介孚托人找亲戚陈秋舫帮忙，人家连见也不见。苏州知府王仁堪怕案情过大，牵连太多，有意想大事化小，行点方便。但陈秋舫却坚执不允，主张公事公办，毫不通融，他正好要趁机报复，将案情依法据实上报。周介孚嘴给身子惹祸，关键时刻连亲戚都落井下石，为自己当年的口舌之祸付出了沉重的代价。

周介孚的骂人似乎毫无原则，不分对象，不看场合，兴之所至，无所不骂，亲朋好友，上司同僚，率性而为，随心所欲，只要是他看不惯的人和事，绝不掩饰自己的态度，为逞一时之快，而不计后果，难怪他到处得罪人。在新台门，周氏三兄弟和他最多不过生活了三四年时间，他留给孙辈最深的印象，除了骂人，还是骂人。

4. 用挽联表示不满

再说骂的方式。

周介孚是读书人，骂人自然不会像市井无赖那样直来直去，污言秽语，他的话尖酸刻薄，指桑骂槐，讥讽嘲笑，话中带刺，擅用比喻和典故，骂人不带脏字，颇有师爷学风的余留，当然，痛快淋漓破口大骂的时候也是有的。让家里人记忆犹新的是，十年没回家的他为母亲奔丧，一进门就发号施令，指手画脚，几天之后，为老太太过"五七"，家里人那些日子忙得筋疲力尽，早晨起得晚了一点。周介孚一早起来，见每间房都关着门，不禁勃然大怒，在台门里大吵大闹，他走到蒋夫人屋里，用力敲床，大骂妻子是"速死豸"（该死的畜生）、"王八蛋"！吓得全家老小胆战心惊，都对他心生畏惧和不满。

一八九六年十月十二日，鲁迅的父亲因病去世，在杭州狱中的周介孚派人送来一副挽联，上联是："世间最苦孤儿，谁料你遽抛妻孥，顿成大觉"，下联是："地下若逢尔母，为道我不能教养，深负遗言。"谴责儿子没出息、不成器，考了多次都没有中举，更对他抽烟、喝酒、吸鸦片的恶习深恶痛绝，至死也不原谅。

据周冠五回忆，同情、理解父亲的鲁迅见了，深为不满，愤言道："人都死了，还不饶恕吗？"

俗话说:"江山易改,禀性难移",在狱中关了八年,出狱后,周介孚虽然不再像过去那样威风,发号施令,颐指气使,但骂人、损人的毛病始终没有改变。

据周建人回忆,一九〇三年,鲁迅第一次从日本放暑假回国,二哥周作人也从南京赶回家,兄弟三人团聚,有说不完的话。有一天他们在一起聊天,从楼上说到楼下,从廊厦说到明堂,正说在兴头上,祖父从屋里出来看见他们,不咸不淡地说了一句:"乌大菱壳凂到一起来了。"

菱角壳在绍兴水乡随处可见,是漂在水上荡来荡去一无所用的垃圾。绍兴话里,乌大菱壳就是指游手好闲、无所事事的废物,是没用的、没出息的东西。三兄弟自然明白祖父又在骂人,两个哥哥恨恨地看他一眼,三人兴趣索然,强忍怒气,各自散去。

周介孚骂人的秉性,他的堂侄周冠五回忆说:

> 介孚公清癯孤介,好讽刺,喜批评,人有不当其意者,辄痛加批评不稍假借。是非曲直纯出之于己意。烦碎啰嗦(唆),呶呶不休,人多厌而避之。偶值邂逅,则遮道要执以倾之,愿不愿听不问焉。多有不待其词毕托故引去。这亦只有辈份(分)和他相并的才可以这样做,若系小辈只好洗耳恭听,非至其词罄不可。以此多招怨尤,背地对他独多不满诽词。其实他的性质却是,尽管对某一人或某一事一再反复地批评个不了,实质上倒没含有什么毒性。只不过与人以不快,结果还是他自己吃亏。转而遭到人们在有机可乘时予以反击的不良后果。

> (周冠五著《鲁迅家庭家族和当年绍兴民俗》,上海文化出版社 2006 年版,第 14 页)

周冠五描述得实在是形象生动，周介孚不仅是话痨嘴碎，还不识相，别管别人爱不爱听，见到平辈人拉住手，说起来没完没了；晚辈的不听他说完不让走，以至人人都躲着他。

科场行贿一案，让周介孚的尊严受到质疑，威望直线下降。过去的他，身上笼罩着翰林、京官的光环，在家族中享有极高的地位与声望，周氏兄弟及宅门里的子侄们对他应该是崇敬仰慕的，虽然他词严色厉，待人寡情，言语刻薄，但是他极少回乡，与亲人们接触不多。这一次犯案，闹得声名狼藉，祸及全家，他的形象在孩子们的心目中已经大打折扣，威信不在。及至出狱，他的脾气秉性不仅没有丝毫改变，反而变本加厉，"变得更锋利尖刻，更肆无忌惮，更愤世嫉俗了"（周建人语），只不过，他再耍过去的威风，亲友们很少有人再恭恭敬敬地听他训斥了，有的敬而远之躲着他，有的心生厌烦淡着他，此时的周介孚可以说是众叛亲离，成了台门里人嫌狗不爱、没人爱搭理的角色。

据周建人回忆：

> 有一次，他们在小堂前坐着，又吵开了，祖父骂了祖母。我母亲（鲁瑞）从自己的房里出来，很严肃地对我祖父说："这么大年纪了，还吵什么？头发都白了，还不给小辈做个样子？"祖父没有料到我母亲竟然会出来，不觉一怔，本来小辈如不是不做声，顶多也是相劝罢了，而我母亲竟然对他持批评的态度。他看了我母亲一眼，一言不发，逃进自己的房里去了。从此以后，虽然对祖母的感情还是不好，但不再吵吵闹闹了。
>
> （周建人口述、周晔编写《鲁迅故家的败落》，福建教育出版社 2001 年版，第 192 页）

连一向恭顺明理、态度平和的儿媳妇都忍无可忍地顶撞他，可见此时的周介孚在家族中的威信已经大大下降，已经失去了人们的尊重。

一九〇一年，释放回家后，性格古怪、脾气乖戾的周介孚在绍兴新台门生活了三年多，于一九〇四年七月逝世，享年六十有七。当时鲁迅远在日本，周作人从南京赶回来主持丧事。家人在整理他的书籍时，发现他留下的一副挽联：

死若有知，地下相逢多骨肉。

生原无补，世间何时立纲常。

鲁迅回来后看罢挽联，对三弟周建人说："这是在骂人。"

周介孚联中的意思是，父母、前妻、一儿两女——自己最亲近的人都先他而去，只有在地下才能找到骨肉。而活着的亲人，和他并不亲近，对他也不够孝顺。如今世间的三纲五常都已经被破坏了，自己活着还有什么意思呢？

他的一生都因为性格的原因和外界处不好关系，至死都以骂人的方式表达心中的不满。

5. 祖孙关系比较淡

鲁迅是兴房的长子长孙，在周氏大家族中是倍受重视、倍受呵护的，他是周家的希望，理应是祖父的掌上明珠，但是我们发现，不仅鲁迅不喜欢祖父，祖父也似乎并不格外关爱他。

一八八一年九月二十五日，周树人（鲁迅）出生于新台门，其时周介孚正在北京候官，自己当时唯一的儿子为他生了长孙，周家后继有人，周介孚自然是喜出望外。据说当时正好有一位姓张的官员来访，他便以"阿张"送给孙子做小名，随后找同音字"樟寿"为名,字"豫山"。随着年龄渐长,这几个名字也许鲁迅都不喜欢吧。"阿张"俗白、随意,哪像出自翰林之手,"豫山"谐音"雨伞",鲁迅上学以后常被同学取笑,请祖父改名,称为"豫亭",又谐音"雨停",最后才改字为"豫才",到南京求学后改名树人。

在周氏三兄弟之中,鲁迅和祖父接触的时间最短。

我们大致梳理一下:鲁迅两三岁的时候,周介孚回乡探亲时第一次见到长孙,但那时的鲁迅没有什么记忆。祖孙一别十年,再一次见面是一八九三年三月,太祖母戴老夫人去世后近一个月,周介孚携爱妾及幼小的次子伯升初春回到家乡奔丧,到八月份就发生了那场轰动一时的科场行贿案,其后,他就被捕入狱。鲁迅十八岁到南京矿路学堂读书三年,路过杭州看过祖父一次,但停留的时间不会太长。一九○一年四月周介孚出狱,这时的鲁迅在南京上学,年底毕业,一九○二年三月即到日本留学了。一九○三年暑假,鲁迅从日本回国探亲,这两次和祖父接触的时间至多各两三个月。一九○四年七月十三日祖父去世,鲁迅人在日本没有回来奔丧。

比较而言,周作人除了在家里,还继小叔叔周伯升之后在杭州陪伴祖父一年半之久,周建人在祖父出狱后在新台门共同生活了三年多,三个兄弟中,更为成熟的长孙鲁迅接触祖父的时间最少,前前后后加起来不过一年左右,即使在这样短的时间里,祖父的形象也极少带给他温情。两个人的关系相对寡淡,以致后来对祖父的感情越来越隔膜和疏远,甚至可以说出现了一些对立和敌意。

究其原因,大致有如下几点:

其一,随着鲁迅的成长,对祖父的认识从陌生到熟悉,过去曾经的崇拜渐渐消失，直到最后产生厌烦甚至蔑视。

最开始，周家因祖父功名赫赫，三个台门的门斗上都挂上了蓝底金字的"翰林"的大匾，显亲扬名，光宗耀祖，周家在绍兴城可谓风光至极，但是随着科场行贿案的发生，不仅造成了周家经济上的败落，社会地位及声誉也一落千丈，从官宦之家堕入官犯之家，让儿孙在精神上受到重创！

为救祖父性命，周家上下打点，卖田当物，花钱无数，使本已坐吃山空的周家经济更加雪上加霜。而案子惊动了朝廷，周介孚被光绪帝钦定为"斩监候"，科场案在地方上成了一大丑闻，过去令人尊敬、仰慕的周翰林成了万人瞩目的负面人物。其家属受到牵连，被人指指点点，议论纷纷，少年的鲁迅承受着巨大的心理压力，这一切都是自负又糊涂的祖父造成的，他自然不会再像从前那样对祖父心生崇敬了。

其二，父亲的死与祖父有着直接关系。

周介孚花钱行贿疏通关节，除了为亲戚帮忙，也是为自己儿子的前途着想，但是鲁迅的父亲周伯宜事先并不知情。案发后，周介孚遁走上海，躲了起来，连累周伯宜在考场被扣了卷子，解押审问，进了一段时间监狱。其后不仅永远不能再参加科举，而且连以前的秀才功名也被褫夺，这无疑将一个读书人的梦想彻底打碎。周伯宜从此意志消沉，情怀抑郁，借酒浇愁，吸食鸦片，以致重病不起，三年之后去世。

为救父病，少年鲁迅开始出入当铺，"在侮蔑里接了钱。"自尊而敏感的他由此看到世人的真面目，而祖父在狱中派人送来的挽联甚至还在责怪儿子周伯宜，让与父亲感情深厚的鲁迅心生不满。这一切都在他和祖父之间，刻下了隐隐的裂痕。

其三，鲁迅的亲祖母孙夫人在他出生前十七年就已经去世，他是随继祖母蒋夫人长大的，祖孙的感情很好，老人疼爱长孙，经常给他讲一些"老虎拜猫为师""水漫金山"等诙谐有趣的故事，培养了少年鲁迅的文学兴趣。在周氏三兄弟眼里，老太太仁慈宽厚，受人爱戴。但周介孚厌烦这位太太，不仅对她实行"冷暴力"，不理不睬，受到遗弃，而且还经常辱骂欺负蒋夫人。这一切孩子们看在眼里、记在心里，年深日久，在同情祖母的同时，能不对祖父心生怨怼？

周作人在《鲁迅小说里的人物》一书说到祖母："她的生活是很有光荣的，她是'翰林太太'，也到知县衙门去上任过，可是后来遗弃在家，介孚公做着京官，前后蓄妾好些人，末后带了回去，终年的咒骂欺凌她，真是不可忍受的。"

祖父母关系不睦的原因大致有两点，一是太平天国之乱，蒋夫人一度与家人走散，周介孚怀疑太太被虏受辱，有污名节，讥其为"长毛嫂嫂"，从此打入冷宫；二是在江西金溪知县任上蒋夫人施计搬出了婆婆戴老太太去报复丈夫的辱骂，周介孚因背负不孝之名毁了前程。从此，蒋夫人事实上遭到遗弃，经常受到丈夫欺辱。

继祖母的不幸遭遇，鲁迅十分同情，心理上亲祖母而远祖父。

其四，周介孚先后至少娶了三房姨太太，最后一位潘大凤比他小三十一岁，与蒋夫人唯一的女儿、鲁迅的小姑姑周康官同龄。祖父与章姨太生的小叔叔伯升比鲁迅还要略小一些，比较而言，祖父更偏祖疼爱姨太太和小儿子，就像周作人说的："其所不骂的只有潘姨太太和小儿子，说他本来笨可以原谅，如鲁迅在学堂考试第二，便被斥为不用功，所以考不到第一，伯升考了倒数第二，却说尚知努力，没有做了背榜，这虽说是例，乃是实在的事。"（《鲁迅的故家》，人民文学出版社1957

年版）两个基本同龄的孩子，虽为叔侄，但当长辈的有偏有向，受冷落的一方心里自然感到委屈。

鲁迅是在台门长大的兴房长子长孙，一般来说，在宗法家族中应该格外受到重视，地位特殊。十二三岁的时候，因曾祖母的去世，祖父回来奔丧，天上突然掉下了一个从未谋面、和自己年龄相近还略小的叔叔，少年鲁迅的失落感、失宠感应该是存在的。小叔叔周伯升乖巧懂事、聪明活泼，与三兄弟关系融洽，尤其是和周作人一起玩，一起读书，感情之好超过一般叔侄，比较而言，倒是鲁迅和小叔叔稍为疏远。他的笔下同样极少有关小叔叔的记载，只在日记中涉及三次，也都是寥寥一笔。前两次是"得升叔信，九江发"；第三次是一九一八年"三弟来信，言升叔殁于南京"。态度之冷淡说明情感相当复杂。

置家人于不顾，在外面娶妾生子，鲁迅虽不敢反对，对祖父的做法心理上是排斥和反感的。关爱、偏袒幼子，冷落、责难长孙，周介孚的做法自然让鲁迅心生不满的情绪。

其五，我们在周家人的回忆中发现，周介孚为人苛刻寡情，严于待人，对长孙鲁迅更是要求严，鼓励少，缺乏必要的感情沟通。

本来接触的时间就不多，祖父再冷言冷语、表情严肃，孩子们自然很难与他亲近。从小，鲁迅就极少从祖父那里感到关爱，觉得他们都是"呆子孙"，一无是处，不受待见。二十岁时他从南京路矿学堂毕业被保送到日本留学，将毕业的成绩单拿给祖父看，上面写着"第一等第三名"，以为祖父会高兴地夸赞两句，没想到周介孚只是面无表情地"唔"了一句，不带一点喜悦，更没有一句表扬、夸赞、祝贺之类的话。鲁迅见了，心情既失望又沮丧。

其六，就是前面说的祖父的骂人，脾气急躁、恶语冷言，让人难与接触相处，鲁迅自然也不喜欢祖父这种性格。小时候慑于长辈的权威，默默忍受，大了只好退避三舍，能躲就躲，敬而远之。正像周建人说的："祖父极喜欢骂人……鲁迅听了也不大舒服，这些也就是不大喜欢祖父的原因的一部分。"

凡此种种，也许就是造成鲁迅和祖父感情隔膜、对立甚至厌恶的主要原因，以至在他的笔下，从来没有留下有关祖父的痕迹。

6. 烧掉祖父日记

不喜欢不代表不受影响，周介孚无疑是有特点有个性的，不同流俗、特立独行，比如教育子弟就不循规蹈矩，他叫孩子从兴趣出发，自由读书，开蒙不一定非要从《三字经》和《百家姓》开始，可以先读《鉴略》——一本简明扼要的历史读本。孩子识字以后，除了四书五经之外，他鼓励孩子们读《西游记》《镜花缘》《儒林外史》之类的小说，认为小说最能使人"通"，等通了以后，要弄别的东西便无所不可了。祖父开明的教育，为周氏兄弟的成长奠定了基础。

当然，周介孚还有记日记的习惯，一直记到去世的前一天。可惜这部史料价值很高的日记被鲁迅烧了。一九一九年底他回绍兴接家人迁居北京，在处理家里东西的时候，用两天时间烧掉了祖父的日记。周建人对此有一段记载：

烧到我祖父的日记时，我有点犹豫了。

我没有看过祖父的日记，他写了些什么，我一点也不知道，只看到是用红条十行纸写的，线装得很好，放在地上，有桌子般高的两大叠，字迹娟秀。

我问大哥："这日记也烧掉吗？"

他说："是的。"他问我："你看过吗？"

"我还没有来得及看。"我回答。

"我这次回来翻了翻，好像没有多大意思，写了买姨太太呀，姨太太之间吵架呀，有什么意思？"

我想总不至于都写姨太太吧，想起祖父临终前发高烧的时候，还在记日记，就告诉大哥说："他一直记到临终前一天。"

"东西太多，带不走，还是烧了吧！"

这两大叠日记本，足足烧了两天。

（周建人口述、周晔编写《鲁迅故家的败落》，福建教育出版社 2001 年版，第 11 页）

周建人小鲁迅八岁，对大哥从来是言听计从的，心里有不同意见也不便说出，而这次二弟周作人没有回乡，以他对祖父更深的感情，日记也许不会被毁吧。

值得一提的是，鲁迅和周作人都继承了祖父写日记的习惯，鲁迅用的也是和祖父一模一样的红条十行纸，而且记到了临去世的前两天。周作人从一八九八年二月十八日开始记日记，到一九六六年八月二十三日停笔，一生共记了六十八年。

至于鲁迅的性格与文风，与祖父周介孚更多接近的地方，当然，这是另一个话题了！

鲁迅晚年为什么不回绍兴

　　两年内三次到绍兴，到绍兴必不可少的内容是参观鲁迅故居。

　　最近一次到绍兴是在二〇一〇年九月，匆匆忙忙又看了一遍鲁迅故居。天上下着蒙蒙细雨，游人较平日要少得多。我撑着伞，一个人走在东昌坊街的石板路上，边走边想，突然脑子里产生一个疑问，鲁迅为什么不喜欢绍兴，晚年再也没回过故乡？

一

　　一九一九年十二月二十四日鲁迅最后一次离开绍兴，是为了变卖新台门周宅的房子，接母亲鲁瑞和妻子朱安及三弟周建人一家到北京定居。直到一九三六年十月十九日在上海去世，享年五十六岁，也就是说在他生命的最后十七年里鲁迅始终没有回过老家。自从一九二七年十月鲁迅和许广平一直生活在上海，上海距离绍兴大概一百四十公里左右，这点距离即使在交通不算发达的当年，也不足以成为鲁迅不回绍兴的理由，这里面一定有值得玩味的其他原因。

鲁迅先生在《答〈戏〉周刊编者信》中说："中国人几乎都是爱护故乡，奚落别处的大英雄，阿 Q 也很有这脾气。"鲁迅应该也和别人一样，对自己的故乡怀有深厚感情，他在后来的许多作品中总是回忆着少年时期在绍兴的生活，二十五篇小说中，有十三篇是以绍兴的社会生活为背景，更多的散文记述了他的乡情乡愁：百草园、三味书屋、鲁镇、咸亨酒店、乌篷船、社戏、迎神赛会、寿镜吾、

晚年鲁迅

孔乙己、长妈妈、闰土等等，故乡的人和物、故乡的一切都在他的记忆深处挥之不去，难以忘怀，但是同时他又在避讳着绍兴，警惕着绍兴，情感上表现出一种与家乡漠然隔绝的复杂态度。甚至当别人问他的籍贯时，鲁迅都不愿意说自己是绍兴人，而笼统地说是浙江人，在填写资历表格的籍贯一栏时，也不愿写上"绍兴"二字。

对此周作人曾分析过绍兴人为什么不喜欢"绍兴"的原因：

但是绍兴人似乎有点不喜欢"绍"这个名称，这个原因不曾深究，但是大约总不出这几个理由。第一是不够古雅，于越起自三代，会稽亦在秦汉。绍兴之名则是南宋才有。第二是小康王南渡偷安，但用吉祥字面做年号，妄意改换地名，这是很可笑的事情。第三是绍兴人满天飞，《越

谚》也登载"麻雀豆腐绍兴人"的俗语，谓三者到处都有，实际上是到处被人厌恶，即如在北京这地方绍兴人便很不吃香，因此人多不肯承认是绍兴人；鲁迅便是这样，人家问他籍贯，回答说是浙江。

周作人分析的理由有些牵强。

绍兴古称越、会稽，春秋时代是越国的都城，南宋高宗赵构因徽、钦二帝被虏，在今天的河南商丘即位，然后南逃，暂居越州，取"绍奕世之宏休，兴百年之丕绪"之意，以"绍祚中兴"激励自己，幻想着继承帝位，重新振作，中兴社稷，以恢复北宋的繁荣昌盛，他改越州为绍兴，把它作为临时首都，转年将年号改为绍兴元年。绍兴有继往开来、振作复兴之意，这个名字还不够古雅吗？比它直白稚拙的城市名称无以计数。

中国历史上有许多城市都更换过地名，近千年前小康王疲于

1912 年夏鲁迅母亲鲁瑞（前中）与周作人、周建人夫妇等在绍兴的合影

奔命，被金兵追得一路南逃，驻跸越州后，下诏改地名、改年号，是很正常的事情，似乎没什么可笑之处。

至于"绍兴人满天飞"，说明绍兴人脑子活、识时务、生存能力强，看不出有什么贬义。绍兴自古为鱼米之乡、富庶之地，文化悠久、名人荟萃，生于这样的名城应该是一种骄傲，不可

能因此而回避。

倒是绍兴师爷的说法多少影响了绍兴人的名声。过去有"无绍不成衙，无徽不成当"之说，尤其是到了清代，绍兴出过不少师爷，他们在官署中当幕友、幕僚、幕宾，身份特殊，虽无一官半职，但有一定权力，为雇主在法律、财务、文书等方面出谋划策，参与机要、起草文稿、代拟奏疏、处理案卷等各种事务，主要分为账房师爷、刑名师爷、书启师爷、钱谷师爷等等，也就是所谓的高参、助理。绍兴师爷饱读诗书，满腹经纶，处世精明，八面玲珑，做事审慎，善于言辞，但同时又奸刁乖巧，工于心计，诡诈多端，嗜爱钱财，给世人留下不好的印象。

周作人说过，师爷是绍兴出产的坏东西，其苛刻的态度，喜欢骂人的脾气，并不限于职业，仿佛成为一种潮流，弥漫于乡间。尤其是负责诉讼的刑名师爷，多疑易怒、狡黠机智、颠倒黑白、弄虚作假；笔锋如刃、苛刻老辣、睚眦必报、犀利周密，师爷在官场的能量与作用不可小觑，"或据律引例，深文周

绍兴鲁迅故里

纳；或上下其手，一语足于救人，亦足于杀人"，世人以"刀笔"名之，故有刀笔吏之称。

科举时代，尤其是有清一代，绍兴出师爷，全国闻名，周氏家族据说就出过十几位师爷，当年跟鲁迅打过笔仗的梁实秋，曾就鲁迅的籍贯加以讽刺，说因为他是绍兴人，便"也许先天的有一点'刀笔吏'的素质，为文极尖酸刻薄之能事"。（见梁实秋《关于鲁迅》）陈西滢直言："有人说，他们兄弟俩（鲁迅先生和启明先生）都有他们贵乡绍兴的刑名师爷的脾气。这话，启明先生自己也好像曾有部分的承认。不过，我们得分别，一位是没有做过官的刑名师爷，一位是做了十几年官的刑名师爷。"（见陈西滢《致志摩》）苏雪林也就这一点攻击过鲁迅。可见，师爷、刀笔吏这种名声都是鲁迅所忌恨的。但是师爷毕竟

水乡绍兴

是有一定地位、一定智慧、一定文化专长的读书人，不是穷苦下层引车卖浆者所能为，这不应该是鲁迅从感情上抗拒"绍兴"二字的理由。

二

一般来说，一个人的少年经历决定着他的人生走向，决定着他的性格特点。我们不妨从少年鲁迅身上寻找原因。

鲁迅于一八八一年九月二十五日出生在绍兴一个官宦家庭，但在他十三岁那年，祖父周介孚因科场舞弊案入狱，此后他的父亲心情抑郁，又长期患病，最终为庸医所误，丢了性命，家境也从此迅速败落下来。

少年的鲁迅经常出入药店和当铺。在《呐喊·自序》中，鲁迅谈到：

> 我有四年多，曾经常常，——几乎是每天，出入于质铺和药店里……我从一倍高的柜台外送上衣服或首饰去，在侮蔑里接了钱，再到一样高的柜台上给我久病的父亲去买药……有谁从小康人家坠入困顿的么，我以为在这途路中，大概可以看见世人的真面目。

家庭的败落让身为长子的少年鲁迅过早地背负了沉重的家庭负担，体尝到生活的艰辛与世态炎凉，看透了世人的丑恶嘴脸，这当然给他的心理留下了深刻的阴影，而造成他精神上的阴影又远远大于物质上的困顿。

在物质生活上，周家虽然败落了，但殷实的家底不足以让他们捉襟见肘，俗话说："瘦死的骆驼比马大"，周家的败落是和以前相比，生活上较之一般人家不会差很多。对鲁迅来说，更重要的是精神上的打击。

周家过去在绍兴应该说是声名显赫，这从周家新台门宏伟的建筑规模上可见一斑。鲁迅的祖父周介孚三十三岁（一八七一年）考中进士，钦点为翰林院庶吉士，曾在京城做官。在当年不大的绍兴城，周家自然是受人尊敬的书香门第、名门望族。但不幸的是祖父却因科场舞弊案锒铛入狱，这在当时当地肯定是轰动一时的新闻、甚至是丑闻，尤其是在文化氛围浓厚、众多读书人热衷于功名仕途的古城绍兴，科场舞弊这种不好的名声为家属带来的精神压力不可谓不沉重。

祖父出事后逃到上海，鲁迅到乡下皇甫庄大舅父家避难，曾被人称为"乞食者"，在他的心里留下了刻骨铭心的阴影。其后祖父自首，被判"斩监候"入狱，随时有被处决的危险。父亲周伯宜受到牵连，一度被捕顶罪，出狱后不仅被夺了秀才功名，而且从此不准再参加科举考试，遭此打击，郁郁寡欢，精神萎靡，借烟酒消愁，以致重病缠身，少年的鲁迅一度生活在紧张焦虑、惊悸不安的状态中，他感受到的不仅仅是因为生活变故带来的心理落差、经济压力，更是精神上的压抑。请注意这一句话："在侮蔑里接了钱……"我以为，让鲁迅感到侮蔑的决不仅仅是质铺里的伙计，也许还有周围数不清的熟人、乡邻，甚至是同族的亲戚，人们看他的表情是怪怪的，眼光是冷冷的，语调是凉凉的，也许还免不了在背后戳戳点点、议论纷纷。人情冷暖、世态炎凉对敏感的少年鲁迅造成的伤害是刻骨铭心、终生难忘的，让他"看见世人的真面目"。

正是在绍兴，鲁迅第一次看到了社会人生丑恶无情的阴暗面，于是产生了"走异路，逃异地，去寻求别样的人们"的想法。一八九八年，十八岁的鲁迅怀揣母亲多方设法筹措的八块银圆，第一次离开家乡，到南京水师学堂求学，后来又改入江南陆师学堂附设的矿路学堂，直到一九〇二年到日本留学。

随着鲁迅的成长，少年时代的绍兴生活给他心里留下的巨大阴影让他对故乡在感情上产生了隔膜，这是后来鲁迅不愿提起绍兴、不回绍兴的原因之一。

三

青年时期，思想上趋于成熟的鲁迅在日本留学七年，于一九〇九年七月回国，经朋友许寿裳推荐，到杭州浙江两级师范学堂任教一年，然后回到绍兴府中学堂，这期间他经历了学生学潮、辛亥革命，目睹了绍兴险恶的政治环境、闭塞的文化环境、复杂的人际环境，使他情绪低落，失望沮丧，心生厌烦。他在与好友许寿裳的通信中，曾多次表示过要离开家乡，到别处寻求发展的想法。"他处可有容足者不？仆不愿居越中也，留以年杪为度。"（一九一〇年八月十五日）"越中棘地不可居，倘得北行，意当较善乎？"（一九一一年三月七日）"闭居越中，与新颖气久不相接，未二载遽成村人，不足自悲悼耶。……仆颇欲在它（他）处得一地位，虽远无害，有机会时尚希代为图之。"（一九一一年七月三十一日）

把故乡形容为"棘地"，可谓困难重重，障碍极多，急于逃离，无所留恋，哪怕是到远一点地方也在所不计。其情切切，已经到了迫不及待的地步。

尤其是到了一九一二年年初，光复后的绍兴死气沉沉，鲁迅看不到一点新气象和希望，他因与朋友合办《越铎日报》，发表文章，得罪了绍兴军政分府，只得辞去了绍兴府学堂监督（校长）的公职，丢了工作，令人压抑的绍兴更让他感觉难以再待下去，于是一面托许寿裳帮他找工作，一面报考了上海的编辑职业，在等待上海消息的过程中，许寿裳的信来了，介绍他到新成立的南京临时政府教育部工作，鲁迅毫不犹豫地答应下来，毅然决然地离开家乡。

这说明，对绍兴文化环境、人际关系等的极其厌烦，使鲁迅不喜欢绍兴、不愿意再回到故乡。

另一个造成鲁迅不回绍兴的原因我以为和他的夫人朱安有关。

朱安也是绍兴人，家庭富足，名门之后。她是鲁迅本家玉田叔祖母的内侄孙女，媒人又是周玉田的儿媳妇谦婶，这婆媳俩和鲁迅母亲的关系很好。虽然朱安大鲁迅三岁，但按照绍兴的旧俗，女方略大，以便侍奉公婆、料理家务，不是什么缺点，况且两家也算得上门当户对。

鲁迅对这一段婚姻痛心疾首，称："这是母亲给我的一件礼物。我只能好好地供养它，爱情是我所不知道的。"他十八岁到南京求学时，母亲就为他订下了这门婚事，四年后的一九〇二年三月底，正当两家长辈计划要为他们完婚时，鲁迅却考取了官费到日本留学，婚事因此被拖下来。直到一九〇六年夏秋，二十六岁的他在日本被母亲的一纸电报召回绍兴，鲁迅身不由己扮演了新郎的角色。让他意想不到的是，新婚之夜揭开盖头，当他第一次见到新娘时，不禁大失所望，眼前的朱安瘦小枯干，面色黄白，尖下颏，薄嘴唇，宽前额，有些发育不全。鲁迅心里的苦恼和愤恨是可想而知的。婚后的第四天，他便逃离般地和二弟周作人返回日本。

封建包办婚姻让鲁迅感到彻腹的痛苦与绝望，但凡他对妻子有一丝好感，二十六岁的新郎不会在新婚的第四天就抛妻别母，远渡重洋。

在日本留学七年后，一九一○年九月，鲁迅回到绍兴担任中学堂教员兼监学，他这时的状态是：囚发蓝衫，喝酒抽烟，意志消沉，荒落殆尽，其内心的痛苦、压抑是可想而知的。他长期住在学校宿舍，尽管离家并不很远，走路只需几十分钟，但鲁迅每周只回家一次，主要是取些书籍衣物，看望母亲，说说话就走，对妻子朱安几乎不闻不问，两个人形同路人，有名无实。一旦有机会他一定会逃离家乡，以躲避痛苦的婚姻。果然，一九一二年二月，他应中华民国临时政府教育总长蔡元培之邀到南京教育部任职，第二次离开故乡。

对鲁迅不喜欢妻子朱安，许多人为尊者讳，说是因为朱安是一个旧时代的女人，不识字，缠小脚，和鲁迅没有共同的理想、志趣等等。但是最根本的原因，我以为还是因为朱安不漂亮，缺乏女性起码的魅力。朱安的外在条件鲁迅在婚前并非一无所知，但是他和朱安未谋一面，婚前也许还心存幻想，觉得以母亲的眼光为他找的妻子应该能够让他接受，但是没想到新婚之夜朱安的身材相貌超出了自己能够容忍、接受的底线，这才让他陷入绝望的境地，这才是让他从此远离妻子的最主要原因。

这之后，鲁迅在北京最终与许广平相恋，两个人几经周折，于一九二六年八月二十六日双双南下，转年的十月在上海共同生活。

鲁迅在感情上从来没有接受过朱安，这个可怜的女人为鲁迅守了一辈子活寡。就两个人的婚姻而言，朱安无过错可言，此中的是非我们不去管它，问题是，绍兴不仅促发了鲁迅生活中一段噩梦般的痛苦婚姻，还是他们夫妻两个人共同的故乡，在鲁迅的感情生活中这无疑是一处伤心之地。离开家乡另组家庭的鲁迅如何面对，最明智的选择只能是回避。试想：鲁迅的亲戚朋友、同学乡里、朱安的娘家亲友等等都在绍兴，假设鲁迅回去，以他当时的婚姻状况，自己或朱安的亲友问起家里情况，问起朱安，问起母亲及两位弟弟，鲁迅会如何作答，如何解释，以鲁迅的自尊自重，这个尴尬的话题实在是难以面对。

四

鲁迅晚年不回绍兴的再一个原因，我以为和他的家庭、兄弟有关。

一九一九年十二月初，绍兴老屋由新台门周家六房宗亲联合出卖，买主催促，年底必须将房子腾空。鲁迅于是最后一次返乡，接母亲、朱安和周建人一家北上。年初的时候，他在给许寿裳的信中提及此事：

> 明年，在绍之屋为族人所迫，必须卖去，便拟挈眷居于北京，不复有越人安越之想。而近来与绍兴之感情亦日恶，殊不自至（知）其何故也。
>
> （《鲁迅全集》第 11 卷，人民文学出版社 2005 年版，第 358 页）

变卖绍兴老屋是因为"为族人所迫，必须卖去"。也就是说，卖掉祖屋，情非所愿，是被逼迫的无奈之举，这里面很可能与族人有不愉快的事情发生。

早在少年时期，随着家境的急剧衰败，鲁迅备尝世事冷暖，不仅仅是外人，甚至也遭到本家亲戚的欺侮。父亲去世以后，有一回家族聚议，计划重新分配新台门的房屋，亲戚本家欺负鲁迅家，要把差房子分给他们。鲁迅作为兴房的长子长孙，称祖父还在狱中，坚决不肯签字，由此引起一位本家长辈玉田叔祖的厉声呵责。

周作人在《鲁迅的青年时代》里记载过这件事："鲁迅往南京前一年间，……和本家会议本'台门'事情，曾经受到长辈的无理的欺压。……鲁迅系是智兴房，由曾祖父苓年公算起，以介孚公作代表。这次会议有些与智兴房的利益不符合的地方，鲁迅说须（需）要请示祖父，不肯签字，叔祖辈的人更声色俱厉的强迫他，这字当然仍旧不签，但给予鲁迅的影响很是不小。"

鲁迅居住的新台门都是他的本家亲戚，却也因为家庭的变故，变得冷酷和势利起来，这不禁让敏感的他对家乡和家乡人产生一种憎恶心理。卖掉老屋，既然在老家上无片瓦、下无寸地，接走亲人，定居北京，他在绍兴几乎没有情感牵挂与依恋之人，"越人安越"的想法自然也就放弃了。

再说鲁迅的两个弟弟周作人、周建人，二人分别娶了日本妻子羽太信子、羽太芳子姐妹，两姐妹先后自一九一一年九月、一九一二年五月始，在绍兴生活了八九年之久的时间，并各生育了三个儿女。兄弟两个人同娶日本姐妹俩为妻，并且生儿育女，这样的跨国婚姻组建的家庭在一百年前不大的绍兴城肯定是轰动一时，备受乡邻亲友关注的新闻。可是，一九二三年七月鲁迅、周作人兄弟失和，手足情断，互不来往；一九二五年三弟周建人也像后来的大哥一样，在上海重组家庭，抛弃了在北京的老婆孩子。绍兴不是鲁迅一个人的家乡，与三兄弟及其妻子的家庭有着千丝万缕的联系，回到绍兴，自然无法回避相关的话题，而这些家庭的重大变故以及个人隐私，都是鲁迅对家乡亲友不愿提及、难以面对的，索性不如避而不回，把绍兴留在记忆深处。

痛苦的少年经历、失望的青年处境、不幸的婚姻生活、难言的家庭变故，也许这才是鲁迅不喜欢绍兴、不回绍兴的真正原因。

"弃医从文"新解

一

这是个老掉牙的话题，鲁迅为什么弃医从文？当然是为了拿起文艺的武器，唤醒国民，疗救国民精神上的创伤，最著名、最流行的观点是鲁迅受了幻灯片事件的刺激。

事件的大致经过是：鲁迅在日本仙台学医时一次课间上映了一部幻灯片，描写的是在日俄战争中，中国人给俄国做侦探被日军抓来处死的场面：绑在中间的中国人，体格强壮而神情麻木；围着来赏鉴这示众的盛举的，也同样是一些体格强壮而神情麻木的中国百姓。一看到日军战胜，周围的日本同学就兴高采烈地高呼"万岁、万岁"！而画面上的中国人，目光呆滞、表情愚钝。

鲁迅后来在散文《藤野先生》中回忆道：

> 这一学年没有完毕，我已经到了东京了，因为从那一回以后，我便觉得医学并非一件紧要事，凡是愚弱的国民，即使体格如何健全，如何茁壮，也只能做毫无意义的示众的材料和看客，病死多少是不必以为不幸的。所以我们的

第一要著，是在改变他们的精神，而善于改变精神的是，

我那时以为当然要推文艺，于是想提倡文艺运动了。

也就是说，受幻灯片事件的刺激，鲁迅是为了用文艺来改变国民的精神才放弃学医的，这种说法固然不错，作为觉醒的战斗者，鲁迅胸怀大志，立志报国，幻想着以文艺为武器，为祖国的新生、民族的崛起而奋斗。但是除了这个原因，还有没有其他的因素在影响着鲁迅。

我们先从鲁迅到仙台学医的经历说起，鲁迅是一八九八年四月离开绍兴到南京求学的，先在江南水师学堂就读，同年九月转入矿务铁路学堂，一九〇二年一月二十七日以第一等第三名的成绩毕业，后被官费保送到日本留学。也就是说此前的鲁迅没有接触过医学，至少是对西医一无所知。但是在此前的经历中，他和中医打过多年的交道，深受其害，并由此对中医始终抱着深恶痛绝的反对态度。

鲁迅在《呐喊·自序》中写道：

······我记得先前的医生的议论和方药，和现在知道的比较起来，便渐渐的悟得中医不过是一种有意的或无意的骗子，同时又很起了对于被骗的病人和他的家族的同情。

鲁迅十三岁以后，祖父周介孚因科场舞弊案入狱，此后他的父亲又长期患病，家庭逐渐走向败落，四五年的时间里他经常进入当铺和药店，变卖家财，救祖父出狱，为父亲抓药治病。这期间和许多庸医打过交道，这些中医大夫开出一些稀奇古怪的药方或药引，如多年埋于地下已化为清水的腌菜卤，房上经霜三年的萝卜、甘蔗，陈仓三年的老米，甚至是一对原配同窠的蟋蟀等等，花样繁多，无奇不有，不仅反复折腾家里人，耗费时间精力，还花了无数的钱财，最后却将鲁迅的父亲治死。这

段经历让鲁迅对中医痛恨终身，难以释怀，即使在他晚年病危时，一向看重的西医已无能为力，有的朋友为他找来一些中医的偏方，鲁迅至死都是拒绝的。

反对中医，对西医的认识开始也不明确。鲁迅到日本留学，是怀着向外国学习、掌握本领、实现救国的愿望去的，但是在具体学习什么科目上最初并没有明确的目的，也不是为了学医而去的，这与现在有些学生出国留学是不一样的。为了学医而留学和为了留学而学医，这两者是有根本区别的，一是有准备、有目的、有计划地主动去国外学一门专业，一是为了留在国外必须被动地学习一种知识技能。至少可以这么说，当初鲁迅到日本留学还没有抱定要学医的决心。一九〇四年九月到仙台医专之前，他在弘文学院补习日语，课余常"赴会馆，跑书店，往集会，听讲演"，大量阅读文艺哲学科学方面的书籍，开始着手译介外国文学作品，并萌生了探索中国"国民性"问题的想法，但唯独没有他对医学产生过兴趣的迹象。

日本仙台医学专门学校

二

一九〇二年的三月二十四日，鲁迅出国到日本，时年二十二岁，这在当时，应该算是大龄青年了。到日本以后，他先入私立的弘文书院补习日语，于一九〇四年四月三十日结业，同年九月转入日本仙台医学专门学校学习，这是当时清政府对官费留学生的规定，补习完日语，应该进一所高等学校正式学一门专业。政府花钱派学生到国外读书，肯定会有一些条件和要求的，这就是要学一门专长，将来为国家或社会服务。这时候的鲁迅必须要做出选择了，他的选择是地处偏僻的仙台医学专科学校，仙台医专远离东京三百多公里，是一所二三流学校，他是当时学校中唯一的一个中国留学生。

鲁迅选中仙台医专，一个原因可能是他在东京对一些留日学生俗不可耐的做派厌烦，不愿与这些人为伍，希望独自过一种别样的生活；另一个原因可能他看中的正是仙台医专没有中国学生，而且对他的入学条件相当优待，不仅可以免试录取，还免收学费。

周作人在《鲁迅的青年时代》一书中说，"但是他却特地去挑选了远在日本东北的仙台医专，……还没有留学生入学，这是他看中了那里的唯一理由。"

在东京的时候，鲁迅虽然也结交了一些朋友，如许寿裳、蒋抑卮、范爱农等人，但大多数清朝的留日学生，"头顶上盘着大辫子，顶得学生制帽的顶上高高耸起，形成一座富士山，也有解散辫子，盘得平的，除下帽来，油光可鉴，宛如小姑娘的发髻一般，还要将脖子扭一扭，实在标致极了。"他们那种矫揉造作的做派和醉生梦死的状态让鲁迅心生厌烦，于是决定离开东京，产生了"到别的地方去看看"的想法，也就是说，鲁迅和大多数留学生一样，心里是孤独寂寞的，希望换个环境，但这个环境自己是否适应，是否喜欢，他并不清楚。

至于选择学医的原因，鲁迅自己解释说：

> 而且从译出的历史上，又知道了日本维新是大半发端于西方医药的事实。因为这些幼稚的知识，后来便使我的学籍列在日本一个乡间的医学专门学校里。我的梦很美满，预备卒业回来，救治像我父亲似的被误的病人的疾苦，战争时候便去当军医，一面又促进了国人对于维新的信仰。
>
> （《呐喊·自序》）

"不为良相，便为良医"，中国读书人始终有当名医的情结。此时的鲁迅非彼时的鲁迅，更不是后来被供在神坛上的鲁迅。他的理想很现实，很平常，那就是学一门知识，掌握一门技艺，将来当一个治病救人的好医生。即使是这个愿望，也谈不上多强烈，多迫切，在当初确定专业选择方向的问题上，鲁迅的认识还不能说是很成熟，还处在一个彷徨期、多变期，自己是不是适合学医，学医是不是一条最好的出路，他显然没有做好充分的准备。

三

从一个异国的学生角度，鲁迅在仙台感到对他影响最大的老师是藤野先生。藤野先生无论在学业上还是在生活上都对他表现出特殊的关爱，鲁迅满怀深情地在散文《藤野先生》中回忆道："我总还时时记起他，在我所认为我师的之中，他是最使我感激，给我鼓励的一个。"

一般来说，学生对老师的深刻印象总会强过老师对学生的印象。藤野先生当年在辗转听说鲁迅先生过世的消息后，写过一篇《谨忆周树人君》的文章，请看藤野眼中的鲁迅：

周君上课时虽然非常认真地记笔记，可是从他入学时还不能充分地听、说日语的情况来看，学习上大概很吃力。于是我讲完课后就留下来，看看周君的笔记，把周君漏记、记错的地方添改过来。如果是在东京，周君大概会有很多留学生同胞，可是在仙台，因为只有周君一个中国人，想必

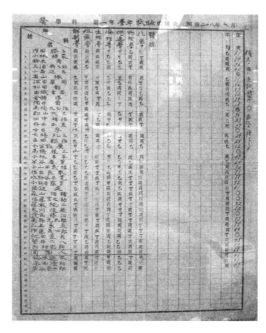

鲁迅在仙台医专的成绩单

他一定很寂寞。可是周君并没有让人感到他寂寞，只记得他上课时非常努力。

在我的记忆中周君不是成绩非常优秀的学生。周君在仙台医学专门学校总共只学习了一年，以后就看不到他了，现在回忆起来好像当初周君学医就不是他内心的真正目标。周君来日本的时候正好是日清战争以后。尽管日清战争已过去多年，不幸的是那时社会上还有日本人把中国人骂为"梳辫子的和尚"，说中国人坏话的风气。所以在仙台医学专门学校也有这么一伙人以白眼看待周君，把他当成异己。

请注意这里面的几个关键词：鲁迅"非常认真地记笔记"，可是"还不能充分地听、说日语"，"学习上大概很吃力"，"只有周君一个中国人，想必他一定很寂寞"，"不是成绩非常优秀的学生"，笔记有"漏记、记错的地方"，同学"以白眼看待周君，把他当成异己"。

最主要的是这样一句话："现在回忆起来好像当初周君学医就不是他内心的真正目标。"

藤野先生的这篇文章发表于鲁迅去世半年后的一九三七年三月。作为一个日本人，相信藤野先生的记忆完全是凭着当老师的直觉，不可能也没有必要掺杂着别的因素。

鲁迅学了一年多医学，于一九〇六年三月从仙台医专退学，以后便弃医从文，从事文艺工作，其中一个重要原因是他的志趣并不完全在学医上，也就是说他在确立专业时认识还比较幼稚，还没有考虑成熟。

四

我们再来看看鲁迅当年的学习成绩。

鲁迅当年的同班同学小林茂雄，保存了一份鲁迅在一九〇五年在仙台医专春季升级考试的"成绩报告单"，单上所列各科成绩如下：解剖 59.3，组织 72.7，生理 63.3，伦理 83，德文 60，化学 60，物理 60，7 门功课平均分 65.5，在全班一百四十二人中名列第六十八名（见周启明著《鲁迅的青年时代》，中国青年出版社 1957 年版）。而唯一不及格的解剖学，正是藤野先生教的。另有三门课的分数仅有 60 分，最高的一门伦理还不是专业课。

客观地讲，在一百多名同学中名列中等，应该说成绩还是不错的。须知，鲁迅当时学习上最大的障碍是语言，老师授课、所用教材肯定用的都是日语，与日本同学相比他的先天条件应该是最差的，即使他非常认真努力，笔记仍有"漏记、记错的地方"，学习仍感比较吃力。如果换了一个混文凭的学生，这种中等成绩完全可以说得过去，但是作为心高气盛、志向远大的鲁迅能接受吗？他肯定付出的比别的同学多得多，日语还不是很流畅，年龄

留学时期的鲁迅

又相对偏大，但是成绩却平平，在一所二流学校得到二流成绩，这不能不让鲁迅重新审视自己的选择——医学是他最感兴趣的吗？是他最擅长的吗？学医是最有出路的吗？他的内心纠结一定是很痛苦很矛盾的。按照当时学校的规定，挂科两门就有劝退的危险，现在四门功课的成绩都不理想，他必须要对自己的专业深思熟虑、重做打算了。鲁迅当时已经二十六岁了，一百年以前的二十六岁，他还能在学业无望的医学专业上再耽误时间吗？放弃学医转而从事自己最感兴趣的文艺，这才是最明智的选择。

成绩不佳、学医无望，是鲁迅决定弃医从文的直接诱因。

到了仙台医专，鲁迅才发现，自己所处的环境甚至还不如当时的东京。仙台当时是日本重要的军事基地，小城的生活非常沉闷，作为弱国的中国留学生心理上很受压抑。他开始住的

"佐滕屋"客店邻近监狱，不仅条件恶劣，客店还包办囚犯的伙食，后来搬到另一处较远的地方，饭食质量甚至还不如以前。他对仙台的环境与氛围极不适应。

鲁迅清楚，当时入学仙台医专时只有他一名中国留学生，周围大多是十七到十九岁的同学，自己已经二十四岁，年龄大，语言差，很难融入同学圈子。自然，鲁迅当初离开东京选择仙台医专的本意，就是想逃离那些讨厌的清朝留学生，离群索居，过一种别样的生活，但事与愿违，真到了一个新的环境，还是有很多的不适应。在仙台，他身边极少朋友，处处受到排挤、歧视，其苦闷和孤独是可想而知的。即使上面的这种成绩，仍然引起一些心胸狭窄、看不起中国人的日本同学的嫉妒、排挤。他们本来就"以白眼看待周君，把他当成异己"，不相信这个免试入学、免费上学的中国人会比多数日本"坐地户"学生考得要好。有的同学借故查检他的笔记本，怀疑藤野先生将试题透露给他；有的同学写匿名信，第一句就是："你改悔罢！"对鲁迅进行攻击嘲讽。同学的排挤、猜忌、仇视，使他的自尊心受到极大的伤害。在这种被歧视被侮辱的环境中，年长同学几岁的鲁迅自然愤恨难忍，他说："中国是弱国，所以中国人当然是低能儿，分数在六十分以上，便不是自己的能力了：也无怪他们疑惑。"

我们从鲁迅痛苦的少年经历中可以了解到，他本是一个家道中落、内心抑郁、敏感自尊的青年，又远离

鲁迅于东京

家乡，孤身在外，在仙台没有同胞朋友可以交流，日语水平不及同学，年龄又偏大，学习成绩中等，处处受到排挤。在仙台一年多时间，鲁迅是在孤独寂寞中度过的，他在一九〇四年给朋友的信中写道："尔来索居仙台，又复匝月，形不吊影，弥觉无聊。"（《致蒋抑卮信》）

缺少朋友、对环境的不适应是鲁迅放弃学医的另一个重要原因。

最后我们再看看鲁迅对文学的爱好和兴趣。

鲁迅生于绍兴一个没落的士大夫家庭。祖上世代读书，其祖父周介孚三十三岁中进士，钦点为翰林院庶吉士，父亲周伯宜也是读书人，曾中过秀才。鲁迅的外祖父鲁希曾是一名举人，曾经在户部做过主事。母亲鲁瑞出身名门，虽未正式上过学，但却靠自学能读书看报。毫无疑问，鲁迅出身于典型的书香门第家庭，有着较好的家学传统和文学素养。他自幼时就涉猎许多小说、野史等文史古籍，也曾从他的祖母和保姆长妈妈那里听过许多民间故事和传说，培养了他对文学的浓厚兴趣。到日本之后，他阅读了大量的文艺和哲学书籍，并在课业之余开始译著活动，为他从事文艺做了必要的准备，他的气质性格、知识结构、兴趣爱好更偏重于文学和艺术。

对鲁迅来说，及时调整专业，发挥所长，舍医学之短，扬文艺之长，根据自己的兴趣，弃医从文，是再好不过的选择。这种选择有当时当地自身客观的现实原因，不仅仅单纯是为了实现文艺救国的理想。

鲁迅为什么离开北京

　　一九一二年五月初，鲁迅随中华民国临时政府教育部从南京迁到北京供职，直到一九二六年八月二十六日南下赴厦门教书，在北京共生活了十四年，当然这也是他在教育部公务员生涯的十四年。

　　北京是鲁迅的第二故乡，是他除绍兴之外生活得时间最久的地方，他与朋友多次谈起北京时总是充满了深厚的感情。在给好友杨霁云的信中鲁迅说："中国乡村和小城市，现在恐无可去之处，我还是喜欢北京，单是那一个图书馆，就可以给我许多便利。"一九三六年十月去世前的几个月，鲁迅还认为："我很赞成你们再在北平聚两年；我也住过十七年，很喜欢北平。现在走开了十年了，也想去看看，不过办不到，原因，我想，你们是明白的。"（《致颜黎民信》）

　　鲁迅喜欢北京自然有他的理由：

　　其一，他的亲人都已迁居北京。一九一九年十二月底，鲁迅将自己的母亲鲁瑞、妻子朱安及三弟周建人一家接到北京，与二弟周作人一家同住于西直门内公用库八道湾胡同十一号。周氏三兄弟，除两年以后三弟周建人只身到上海谋生之外，全家三代十几口人都在北京生活。虽然自一九二三年七月他和周作人兄弟失和，移居阜成门内西三条二十一号寓所，但亲情一下子难以割舍，即使对反目成仇的二弟周作人，他在内心深处也是惦念牵挂的，况且还有名义上的妻子与挚爱的母亲。

其二，他的职业在北京。从来时的三十二岁到四十六岁离开，这十四年的黄金岁月，鲁迅一直在教育部当职员，任科长、佥事，工作清闲无聊，有时间创作、研究和教书，除了工资收入，尚有讲课费和稿费、版税等，这是他能坚持十四年始终没有跳槽的主要原因。也就是说，鲁迅是令人羡慕的国家机关公务员，北京是他谋职谋生之地。而那时的公务员，机构简单、人员精练、收入高，社会地位也高，远非现在的规模可比。

其三，他的事业在北京。北京是新文化运动的发源地，鲁迅的新文学创作从这里起步、成熟，他的文学创作、译介、研究、教学都主要集中在北京时期，并先后在八所学校兼课，从而奠定了他成为精神领袖和文学大师的地位。

北京做过八百多年的帝都，恢宏大气，精英荟萃，文化资源丰富，学术氛围浓厚，思想活跃，信息畅通，图书馆、大学、报刊、书店林立，为鲁迅事业的发展提供了方便有利的条件，北京是他大展身手的绝好舞台。

北大红楼

其四，他的活动圈子和朋友圈子也主要集中在北京，这些人包括思想文化界名人，学校任教的同事、学生，社团报馆的编辑、记者、文学青年等等。鲁迅与他们相互影响、相互激励，这些朋友和文化圈子是鲁迅成长发展的肥沃土壤。

仅仅上面这些原因便足以看出，当年的鲁迅在北京可以说是如鱼得水、顺风顺雨，声望颇高，人气日旺，那么为什么他要放弃这些离开北京呢？

鲁迅在自己写的《自传》中这样解释道：

> 因为做评论，敌人就多起来，北京大学教授陈源开始发表这"鲁迅"就是我，由此弄到段祺瑞将我撤职，并且还要逮捕我。我只好离开北京，到厦门大学做教授；约有半年，和校长及别的几个教授冲突了，便到广州，在中山大学做了教务长兼文科教授。

（《鲁迅全集》，人民文学出版社 2005 年版，第 7 卷第 85 页）这是说一九二一年一月二十日陈源（西滢）在《晨报副刊》发表致徐志摩的信中说："鲁迅，即教育部佥事周树人。"将笔名鲁迅的真实身份向社会公开透露。

鲁迅说得有一定道理，但不是主要的原因。为什么？我们逐条来分析：

先说撤职一事。

鲁迅参与了北师大的学潮，始终支持学生与当时的教育总长章士钊及北师大的女校长杨荫榆做斗争，为此，一九二五年八月十二日，章士钊呈请临时执政段祺瑞批准，免去鲁迅在教育部的佥事一职，将鲁迅撤职。呈文写道："兹有本部佥事周树人，兼任国立女子师范大学教员，于本部下令停办该校以后，结合党徒，附和女生，倡设校务维持会，充任委员。似此违法抗令，殊属不合，应请明令免去本职，以示惩戒（并请补交高等文官惩戒委员会核议，以完法律手续）。"转天段祺瑞明令照准后，于八月十四日公布了免职令。

鲁迅以章士钊程序不合法为理由，于八月二十二日向北洋政府平政院投递控告诉讼，打了平生第一场官司。因为佥事一职，属于"荐任官"，是否惩戒，应由主管上级备文申述事由，经高等文官惩戒委员会核议审查后才能实行，章士钊上报执政府下令将鲁迅免职，属于滥用职权，擅自处分，其做法违反了《文官惩戒条例》及《文官保障法草案》的相关规定。在打官司的过程中，同年十一月章士钊被免去了教育总长职务，转年的一月十六日新任命的教育总长易培基支持学生，同情鲁迅，取消了这个违法的撤职令，三月中旬官司胜诉，鲁迅官复原职，撤职风波就此平息。事过半年，这件事不会直接导致他离开北京，但鲁迅因为此事与教育部上司关系弄僵却是事实。官司虽然最后胜了，但人气受到影响。

再说逮捕一事。

在一九二六年"三一八惨案"中，鲁迅奋笔直书，与段祺瑞政府进行了不懈的抗争，社会上传闻，报纸上也刊出名单，政府要通缉第二批"暴徒首领"四十八人，鲁迅在册，名列第二十一名，他自一九二六年三月二十六日起至五月上旬离家避祸，先后躲到莽原社、山本医院、德国医院和法国医院。但此时的北京政局多变，四月九十两天，先是冯玉祥倒戈，包围执政府，逼段祺瑞下台，请吴佩孚入京主政；后是四月十七日，奉军进京，把持政权，传说中鲁迅被执政府通缉的威胁基本消除了。五月初，鲁迅回到家里，可以从容自由地活动了，从此以后，直到八月底离京之前，他还多次参加朋友送别的宴请，通缉逮捕之事早已化为乌有。

最后说敌人一事。

鲁迅在北京期间，与官僚政客、帮闲文人打了几次笔仗，对复古派、学衡派、鸳鸯蝴蝶派、现代评论派都进行过斗争，颇得罪了一些人，最引人注目的是在女师大学潮中与陈西滢的论战，他以一人之力，一管之笔，左右开弓，与周围所有的政客文人开战，树敌确实不少，但是以鲁迅的声望、地位、社会影响，更由于他顽强不屈的性格，岂是轻易能让论敌排挤走的，他不可能为了躲避所谓"文人学者"的围攻而不战自退、逃之夭夭。

由此可见，鲁迅离开北京的原因和上面所说的不能说没有一点关系，但决不是主要原因，起决定性因素的另有不便明言的个人隐情，这就是为了追求爱情，为了和许广平开始新的生活，为此，他才选择了离开北京。

毋庸讳言，鲁迅当时是有妻子的，只是与这位名叫朱安的妻子感情不和，两个人有夫妻之名，无夫妻之实，结婚近二十年，他在家里过的基本上是孤身生活。一九二五年三月，他在北师大的学生许广平闯入他的生活，两个人于十月份正式确定恋爱关系，离开北京正是他们两个人商议的结果。

鲁迅与许广平

许广平后来回忆说："我们在北京将别的时候，曾经交换过意见，大家好好地给社会服务两年，一方面为事业，一方面也为自己生活积聚一点必要的钱。"虽然后来约定的时间没能守住，但他们确是精心策划过此事。

鲁迅当时的收入主要是工资、讲课费和稿费、版税，虽然谈不上富足，但绝对在中产以上，为了将来与爱人开始新的生活，必要的经济准备是不可少的。就各方面的条件而言，他继续留在北京自然不成问题，但是如果要和许广平结合，在北京另组家庭显然就成了问题。

首先，妻子和母亲都在北京。他虽然不接受朱安，却也无意伤害对方，没打算过遗弃妻子。只能把这个母亲送给他的礼物返还给母亲，让朱安留在家里照顾堂前。自然，自己另有所爱，以朱安温顺平和的性格不至于因此而闹出大的风波，但是同时要在北京维持两个家庭显然多有不便。

其次，当时，他与二弟周作人失和已经三年，兄弟恩断义绝，反目成仇，这种精神打击对鲁迅是致命的，他们在北京共同奋斗了近十年，志趣相投、感情深厚、合作融洽，突然间手足情断，让他刻骨铭心、痛心疾首。两个人有共同的事业，共同的亲人，共同的朋友。失和以后，再无直接交往，许多朋友聚会、宴请，鲁迅都因刻意回避周作人而拒绝参加。当然，以周作人的品性，对"有妇之夫"的鲁迅和学生许广平的关系肯定不会认可，为了摆脱尴尬的局面，他在内心深处也许未必愿意和周作人在同一个城市生活。

另外，鲁迅自然不会畏惧别人的飞短流长，但是他的生活圈子就在北京，有过多重的文化身份：政府职员、大学教师、自由作家、编辑家和文学活动家。此地的亲朋好友、学生同行，熟人众多，自己名冠京华，早已成为人所瞩目的公众人物。关于他的个人生活，四十四岁的他和二十七岁的许广平的师生恋情，势必会遭到世俗舆论的非难与压力，无论是善意的议论，还是恶意的攻击，人们说长道短背后议论，甚至流言蜚语、恶语中伤都是免不了的，这些非议，鲁迅和许广平不能不有所顾忌。

新中国成立后，经济上的考虑，也是鲁迅决定另谋高就、离开北京的原因之一。他与许广平陷入热恋，最终将共同生活，另组家庭，这无疑会增加一些经济负担，教育部虽然职业稳定、收入不菲，但欠薪情况时有发生，而厦门大学教授的薪水甚至更为丰厚，许广平也将谋职工作，离开北京，他们二人对将来的生活必须进行重新规划和安排。

新中国成立后，许广平在《欣慰的纪念·鲁迅和青年们》一书中回忆道：

> 一九二六年八月，先生往厦门大学任教职，如果不是和段章之流大斗，致列于几十位被捕者之林，和另外的原因，大约未必会离开北京的。北京已经住了十五年了，可以静下来研究学问，有好图书馆，这是先生时常怀念的。政治的迫害，个人生活的出发，驱使着他。尤其是没有半年可以支持的生活费，一旦遇到打击，那是很危险的。我们约好，希望在比较清明的情境之下，分头苦干两年，一方面为人，一方面自己也稍可支持，不至于饿着肚皮战斗，减低了锐气。

许广平的一些回忆文章，不可避免地受到时代因素的影响，但字里行间也透露出一些真实、可贵的信息。这"另外的原因""个人生活的出发"，攒些"生活费"等内容，含蓄地表明鲁迅离开北京就是出于为两人爱情的考虑。

上面这些因素，至少透露出这样一个信息：鲁迅如果和许广平结合，继续生活在北京显然有诸多不便、诸多麻烦，与其身处是非之地，不如远走高飞，到一个新的环境开始新的生活。北京他不是不能待，而是他不想待，不愿待。

一九二六年七月底，在林语堂的介绍下，鲁迅接到了厦门大学寄来的四百元薪水和一百元旅费，许广平也联系好到母校广东女子师范学校教书，两个人于八月二十六日下午四时二十五分同车南下，到上海后分别乘船分赴厦门和广州。

正是为了追求爱情，和许广平到外地开始新的生活，鲁迅这才决定离开北京。

鲁迅当过教授吗

鲁迅一生从事的职业主要是三种：公务员、教师和作家。

公务员身在官场，讲的是职务级别，而不是职称。鲁迅在教育部当了十四年的科长、佥事，没有职称可言。作家靠作品说话，鲁迅毕生致力于中国新文学建设，为人们留下了七百多万字的著译，贡献良多，影响巨大，堪称文学巨擘，但是他连一级作家都不是，按现在的说法，他是一个没有职称的作家。当然，鲁迅生活的时代不像现在，作家靠的是作品，而不是其他，当年没有官办的作协，更没有一到四级的作家职称系列。你写出作品，得到社会的认可，读者的认可，你就是作家，否则，你即便被封为特级作家、大师作家、著名作家，没有好的作品，照样没人搭理你。

那么鲁迅有没有过职称，他是什么职称？

鲁迅一生断断续续教了十八年书，中国最早讲究职称的也许就是学校，确切地说应该是大学。鲁迅在多所大学任过教，他是有过职称的，只是这种职称和现在的所谓职称不能相提并论，我们不好以今例古做横向比较。在鲁迅教书的二十世纪二

145

十年代，旧中国不像现在有那么多让人眼花缭乱的职称评定系列，大学也没有统一完备的教师聘任制度，职称多是一种荣誉或称谓，不能直接反映一个人的学术水平与能力。学校聘任谁当教师，聘任为哪一级，学校自己说了算，教职员均由校长或聘任委员会主任聘用，如"伯乐相马"式地选才任才，既不用上报主管部门批准，也不用通过职称办评定认可。当然，教授、讲师也是自由流动的，学校自由选择教师，教师也可以自由选择学校，双方同意，订立契约。这一次聘你当教授，下一次就不一定聘你；你在甲校能聘为教授，在乙校就不一定能聘为教授。一句话，教职实行的是聘任制，不是终身制，是临时性的资格认定，不是永久不变的身份象征。

鲁迅的教师生涯始于从日本回国之初的一九〇九年，终于一九二七年，凡十八年之久。一九〇九年八月他从日本留学回国后，先在杭州浙江两级师范学堂，后在绍兴府中学堂、绍兴

北大红楼

浙江山会初级师范学堂当过教师、监学等，那时候的中等学校都没有职称可言。

一九一二年，鲁迅应南京临时政府教育总长蔡元培之邀到教育部任职。一九一九年十二月底，他接母亲鲁瑞和妻子朱安及三弟周建人一家到北京与二弟周作人一家移住西直门内公用库八道湾十一号院。生活比较安定，公务相对清闲，这时，他开始在学校兼课，从一九二〇年八月到一九二六年八月，鲁迅在北京的八所学校兼过课，这些学校和任课的时间大致是：

北京大学：一九二〇年八月至一九二六年八月；

北京高等师范学校（北京师范大学前身）：一九二〇年八月至一九二三年七月；

北京女子高等师范学校（北京女子师范大学前身）：一九二三年七月至一九二六年八月；

北京世界语专门学校：一九二三年九月至一九二五年三月；

集成国际语言学校：一九二四年五月起共两个月；

黎明中学：一九二五年九月起共三个多月；

大中公学：一九二五年九月起共两个多月；

中国大学：一九二五年九月至一九二六年五月。

这几所学校，基本上都是通过熟人朋友介绍去的。当时北大的校长是蔡元培先生，聘请鲁迅为该校讲师和北大研究所国学委员会委员。鲁迅的好友许寿裳时任北京女子高等师范学校（女师大前身）校长，聘请他担任小说史教员。北京世界语专门学校是蔡元培先生于一九二三年创办的，自任校长，鲁迅为学校的董事之一，直到一九二五年学校停办，他基本上是义务任教。大中公学是北大的校友邹德高等人于一九二四年创办，蔡元培兼任校长，鲁迅也是应蔡元培之邀到大中讲授"高中新文艺学科"。

鲁迅兼课的时间长短不一，最长的几年，像北大、北京高等师范学校和北京女子高等师范学校，每周一次，每次一或两个学时，主要讲授中国小说史和文艺理论；最短的只有两三个月，像黎明中学、大中公学等。由于是业余兼课的性质，鲁迅的身份是讲师，如果这也算是职称的话，他这时就是个讲师。当时鲁迅的正式职业是教育部的公务员。

至于鲁迅当年为什么被聘为讲师而不是教授，说法不一，一说是北大等许多高等院校聘请教师有这样的规定：对校外临时聘用的兼课教师最高只能聘为讲师，称为教员。本校任教的专职教师，则根据条件、能力水平定为教授或讲师。一说是当时教育部虽然允许部员在外兼课，但不能任教授。其实，讲师也好，教授也好，对鲁迅的意义并不大，它只是学校聘任教师的一种名分、一种学衔或称呼，是不是教授和他的学术地位关系不大。

鲁迅在先后兼职的八所学校中都是教员（讲师）身份，只有一次例外，新上任的教育部总长兼北京女子师范大学校长易培基于一九二六年二月一日向鲁迅下发聘书："兹聘请周树人先生为本大学国文系教授。此订。"

这时的鲁迅因积极参与"女师大风潮"，支持学生驱逐女师大校长杨荫榆的运动，被当时的教育总长章士钊以"结合党徒，附合女生，倡设校务维持会，充任委员"为借口，于一九二五年八月十二日呈请段祺瑞执政免去他教育部佥事的职务，鲁迅进行抗争，正在打官司，虽然于转年的一月十七日官司胜诉，教育部发出"复职令"："兹派周树人暂署本部佥事，在秘书处办事。"此件呈请执政府核准正在待批过程中，这时候的鲁迅尚未官复原职。女师大改聘他为教授，既是对鲁迅为学校护校复校做出特殊贡献的一种补偿，又不违反所谓通常的惯例。其后，爆发了"三一八惨案"，一九二六年三月底免职处分被彻底撤销，鲁迅这才正式恢复在教育部的官职。但是在惨案事件中，因为他与执政府的不懈斗争，遭到了通缉，人身安全受到威胁，从一九二六年三月二十六日起到五月上旬离家避祸，

鲁迅在演讲

直到八月二十六日南下厦门教书。这期间他虽然被女师大聘为教授，但真正到学校教书的时间并不多。据《鲁迅日记》所载，他这学期到女师大总计讲课七次，赴会五次，监考一次。鲁迅自己也并不把这个教授名誉当回事。

鲁迅在《自传》中写道："革命政府在南京成立，教育部长招我去做部员，移入北京。后来又兼做北京大学、师范大学、女子师范大学的国文系讲师。"短暂受聘女师大教授一事，他极少提及。

那么鲁迅当没当过真正意义上的教授呢？当过。

　　一九二六年七月二十八日，四十六岁的鲁迅经朋友林语堂推荐，接到了厦门大学寄来的教授聘书，在厦门大学教了几个月的书。一九二七年元月十八日，应中山大学之聘，鲁迅又来到广州，被聘为文学系主任兼教务主任，直到九月离穗赴沪，从此，鲁迅寓居上海，一心专事写作，再也没有担任过教职。

　　纵观鲁迅的一生，在他从事教育工作的十八年里，最高的职称是教授，只不过前后算起来，他只当了一年多的教授。

鲁迅的文凭与学历

学历是指一个人在教育机构中接受教育的最高层次的学习经历，由有关机构颁发的学历证书为凭证。一般来讲，一个人受教育的经历决定着他的学识水平，当然，有学历的不一定有能力，有文凭的不一定有文化，反之亦然。这个浅显的道理毋庸多言，但就普遍意义而言，就大多数人而言，学历的高低与能力水平有着直接的正比关系。

那么鲁迅是什么学历？我们有必要做一番考察。依现在的标准看，鲁迅的最高学历只能算是专科肄业。何以这么说，有事实为根据：

一九〇二年三月，鲁迅以第一等第三名的成绩从南京矿务铁路学堂毕业后被保送到日本官费留学。到日本后他先进入的是私立的弘文书院，这是一家成立才三个月，专门为了中国留学生准备考进正式的专门学校而设立的私立学校，主要是帮助学生补习日语和基础课，类似于现在国外的语言学校，学制短的只有几个月，最长的为三年，这样的学校属于补习性质，不是学历教育，没有国家认可的文凭颁发权力，当然也就没有正式的学历文凭可言，只能算是结业。鲁迅在这里学了两年以后，按照当时清政府的有关规定，补习完日语，留学生应该进一所高等学校学一门专业。于是一九〇四年九月鲁迅选择了地处偏僻的仙台医学专门学校，这是一所正规的大专性质的学校，现在成为日本东北大学的医学部。鲁迅免试免费进入仙台医专，上了一年多以后，在一九〇六年三月中旬他"弃医从文"，中途退学回到了东京。两三个月以后，母亲鲁瑞托病将他召回绍兴，鲁迅身不由己扮演了新郎的角色。婚后的第四天，他便离开家乡绍兴与二弟周作人重新回到日本东京。此后鲁迅再也没有进过正规的学校继续留学，而是为提倡文艺运动做准备。

周作人在《鲁迅的国学与西学》一文中回忆道：

（鲁迅）退学后住在东京的这几年，表面上差不多全是闲住，只在"独逸语学协会"附设的学校里挂了一个名，

南京矿路学堂遗迹

高兴的时候去听几回课，平时就只逛旧书店，买德文书来自己阅读，可是这三年里却充分获得了外国文学的知识，作好将来做文艺运动的准备了。

（《周作人回忆录》，湖南人民出版社 1982 年版，第 821 页）

江南水师学堂遗址

鲁迅将学籍列在了东京独逸语学协会附设的德语学校，但是没怎么正式上课，这所学校也没有资格颁发正式学历。从仙台医专退学以后，他回到东京，除了读书，还与朋友筹办了一本文学杂志《新生》，后因资金和人员等问题，这本杂志流产了。剩下的时间，主要是写文章、干校对、翻译作品、参加社会活动等等，总之，没有再进学校系统地深造过，所以说，留学日本的鲁迅最高的学历应该是大专肄业。

当然，一百多年前学校的学制、规模、水平和现在没有可比性，我们不好说那时候的大专相当于现在的什么水平，这些年中国高等院校基本上实行的是大众普及教育，每年招生几百万大学生，而在一百多年前即使是中学生也如凤毛麟角，绝对算是知识分子。鲁迅当年的学历虽然与同时代的许多著名人物相比不算是最高的，但显然也是比较高的。

有一种似是而非的说法，说鲁迅根本没有上过大学，只在仙台医学专门学校上了一年多就中途退学了。在普及高等教育的今天，有些人认为大专不算大学，这其实是个误解，大专也是大学的一种，只不过因学制、学位不同，区别于本科，但不能说鲁迅读的仙台医专不算大学。正确的理解应该是，鲁迅没有上过本科意义上的大学。

鲁迅求学的时代还处在封建帝制，人们读书的目的是通过科举走向仕途。读书的方式主要是家塾或私塾，我们从鲁迅的文章中得知，他七岁开蒙，入家塾跟远房的叔祖父周玉田读《鉴略》——一本简单扼要的历史蒙学读物，十二岁就读于三味书屋，师从寿镜吾先生，课程自然是以四书五经为主。一八九八年四月，十八岁的鲁迅离开家乡绍兴到南京求学，先在江南水师学堂就读，同年九月转入江南陆师学堂附设的矿务铁路学堂。

矿路学堂是一所新式学堂，课程设置与教学管理仿照德制。除德文外，还有格致（物理、化学等自然科学）、地学、金石学、算学、地理、历史、绘图和体操等课程，但是学历应该算是三年制的中专，这是鲁迅青年时代拿到的正式文凭。

鲁迅在《朝花夕拾·琐记》中说："许是矿路学堂，已经有些记不真，文凭又不在手头，更无从查考。"

《琐记》写于一九二六年，离鲁迅从矿路学堂毕业只有二十四年，以鲁迅的记忆不应该记不清，之所以"已经有些记不真"了，我以为一个原因是，他可能记不得当时的文凭是江南陆师学堂发的还是矿路学堂发的，因为矿路学堂附属于江南陆师学堂，开设于一八九八年十月，一九〇二年一月鲁迅毕业时就停办了。另一个原因是，这不是他最后取得的最高层次的学历，在鲁迅的生活中已显得无足轻重，所以印象不深刻。但是不管文凭在不在手头，记不记得清，确信鲁迅是拿过的。否则，学校保送到日本留学的只有五个学生，而且是官费，没有正式的文凭是很难通过的。这个一百多年前相当于中专的文凭是鲁迅得到的唯一的一个正式学历。

这就出现了一个问题，当年十八岁的鲁迅为什么要上中专，不考大学呢？这要看看当时的时代，看看当时中国的教育环境。当年中国有没有大学，有没有让鲁迅他们这代人接受更高一级教育的机会与条件。

一八九八年，鲁迅十八岁，正是求知欲旺盛、渴望深造的年龄，但是当时晚清政府还没有痛下"废科举，兴学堂"的决心，偌大的中国除了几所开办不久的西式学堂、书院之外，几乎就没有正式的、具有西方现代意义上的大学，只有天津的北洋大学堂（一八九五年建校，现天津大学前身）和上海的南洋公学（一八九六年建校，现上海交通大学前身）两所所谓的近代大学的雏形。北洋大学堂内设的头等学堂第一届只从天津、上海、香港等地招收了一百多名新生，而南洋公学相当于大学的"上院"，一九〇一年才正式开课。鲁迅到南京求学后的几个月（一八九八年七月三日）北京大学的前身——京师大学堂才在北京创立，京师大学堂开始也没有严格的本科教育，实际上是个贵族学堂，最多也就是高中水平，正式的本科考试则是四年以后的一九〇二年十月十四日。

也就是说，在鲁迅十八岁接受更高教育的时代，中国基本上没有更高更好的新式高等院校供他选择，他正处于清末封建科举将废除、新式教育将兴建的断裂期、过渡期。当时为了适应洋务运动，培养科技、军事、外交等各种人才的需求，社会上出现了一些像水师学堂、矿路学堂这样的新式学堂，它们应该算是中国为数不多的以传授西方新知识为主的顶尖学校了，在几乎还没有大学毕业生的一百多年前，中专学历应该也算是最高的。在鲁迅的青年时代，他是最早也应该是最高的一批有学历的新式人才。

鲁迅的仕途与职务

一

我们知道，鲁迅正式的学历相当于中专，最高学历应该是大专肄业，那鲁迅的职务是什么？这个问题不好拿现在和过去套比，因为在旧中国，至少在鲁迅生活的年代，当时的政府机关属于初创阶段，机构既少，职数也有限，官场的规模、人数远非现在可比，虽然北洋政府从一九一二年建立之初就开始制定各种文官管理法规，规定了文官的分类、任用、俸禄、休假、保障及惩戒等内容，但那时候的官员等级、职责、待遇，与今天不可同日而语。

我们知道，鲁迅的一生所从事的主要职业，除了写作与教书，还当过十四年的政府公务员。

一九一一年十月，武昌起义爆发，一九一二年一月一日，孙中山在南京宣布成立"中华民国南京临时政府"，下设九个部，蔡元培被任命为教育部总长。一九一二年二月，新成立的教育部百废待兴，急需人才。当时，鲁迅的好友许寿裳到了教育部，便向总长蔡元培推荐鲁迅。

许寿裳回忆道："其时一切草创，规模未具，部中供给膳食，每人仅月支三十圆。我被蔡先生邀至南京帮忙，草拟各种规章，日不暇给，乘间向蔡先生推荐鲁迅。"

许寿裳

"草创"的程度，超乎想象，当时教育部基本上除了牌子什么也没有，一无办公场地，二无办公人手，总长蔡元培和一名次长、加上一名会计，总共才三个人。最早跻身于一家旅馆，蔡元培四处托人联系才在南京碑亭巷借了几间房，挂出教育部的牌子。人手不够，蔡元培请来了老乡许寿裳，并让他招揽人才。鲁迅到任后，部里办公人员也没有明确分工，更没有具体职务，除了总长、次长，大家一律都是"部员"。

蔡元培一九〇二年游历过日本，与鲁迅是绍兴同乡，对这个早期的日本"海归"早有耳闻，许寿裳的推荐马上得到认可，至于他说的："我久慕其名，正拟驰函延请，现在就托先生代函敦劝，早日来京。"不过是一句客套话而已。

鲁迅先赴南京，四月份南北议和后临时政府迁到北京，五月初，鲁迅赶赴北京教育部报到，直到一九二六年八月离职，赴厦门教书，开始了他十四年的政府公务员生涯。

教育部自然是政府机关，也就是所谓的官场。官场是讲究职务级别的，那么鲁迅的职务是什么？也就是说，鲁迅十四年的官场生涯，最高的职务是什么？

鲁迅在教育部的十四年，处在北洋政府统治时期。政府将议员与军官以外的所有官员统称为文官，实行文官等级品位分类制。一九一二年十月十六日，北洋政府公布《中央行政官官等法》。将行政官分为四级，依次为特任官、简任官、荐任官和委任官。

特任：为文官的第一等，由大总统以特令任命，如国务总理、各部部长、省长等。

简任：为文官的第二等，由大总统直接选任，在特任以下，荐任以上；如国务院下属各局，各部次长等。

荐任：为文官的第三等，由各主管长官推荐呈请大总统任命，在简任以下，委任以上；如各部参事、佥事、科长等。

蔡元培

委任：为文官的第四等，由主管长官直接任命。也是最末一等，被称为普通文官。如各部局主事科员等。

《辞海》"特任官"条目解释如下：

现行官制，文官之任用，分四级：

一、由国民政府以特令任命者为特任官；如各部会长官是。

二、由国民政府就合格人员中遴任者为简任官；如各部次长、各省政府委员是。

三、由主管长官呈荐任官；如各部科长各省之县长是。

四、由直辖长官迳行委任者为委任官；如各部科员是。

（《辞海》，中华书局1981年版，第1882页）

南京临时政府教育部迁到北京，与清朝原学部合并，机构正规之后，鲁迅于八月份就被任命为第一批佥事，属于"高等文官"。《鲁迅日记》载："一九一二年八月二十二日晨见教育部任免名氏，余为佥事。上午寄蔡国青信……"

那么"佥事"是什么职级？我们先看看当时教育部的规模：民国二年（一九一三年）神州编译社出版过一部《民国元年·世界年鉴》，在"民国教育部现任人员详表"中，记录了当时教育部的人员构成，全部共有文员七十三名。其中设教育总长一人为范源濂先生，系特任官。次长景耀月一人为简任官。参事四人、秘书一人、司长三人，以上共八人为三等荐任官。各科佥事共十四人，为四等荐任官，鲁迅排在佥事的第一名。也就是说，当年堂堂的教育部不足百人，部里地位比鲁迅高的只有总长、次长、参事、司长等，总共十人，同级别的十四人。参照现在的部委办同级官职，在一个国家部级单位位列十几位，至少也应该是资深的局级干部。

鲁迅到教育部之初，职务是部员，政府机关里最低等的公务员，相当于今天的科员；到半年之后的一九一二年八月二十一日，鲁迅升任为教育部的佥事，五天后兼社会教育司第一科科长。"佥事"不是官名，而是一种官阶，一种虚职，享受一定的待遇但不一定掌有实权，大致相当于现在的处级调研员之类，待遇略高于科长。两年之后他从五等佥事又晋升到四等佥事，职级上了一个台

鲁迅教育部任命状

阶，薪水也跟着涨了四十银圆，为佥事一职的最高额，但职务始终是科长，待遇大概相当于现在的处级。

当时的政府机构不像现在这么庞大，公务员的人数、规模远非今日可比。教育部有总长一人，次长二至三人，下面仅设普通教育、专门教育、社会教育三个司，司下设科，没有处这一职级。鲁迅所在的社会教育司主管图书馆、博物院、动植物园、美术馆、体育游戏场、感化院以及文艺、音乐、演出等社会教育事务。他在一九一二年八月即为社会教育司第一科科长，直到离职，始终担任科长一职。

二

自一九一二年至一九二六年，鲁迅在北京教育部这十四年间，北洋政府由官僚政客轮番把持政权，你方唱罢我登场，时局不稳，社会动荡，国家处于军阀混战、四分五裂的局面。鲁迅所在的教育部也是经常走马换将，人事更迭频繁，十四年里总共更换过三十八任教育总长、二十四任教育次长。总长最长的干过一年多，最短的还不到十天；有的总长任命后根本就没有到任，有的总长是兼任或代理，精力根本不在部务。鲁迅在这种环境中，职务却一直原地踏步，再也没有得到升迁。当然，原因是多方面的，有客观环境的原因，也有鲁迅个人性格方面的原因。

那么官场蹭蹬，郁郁不得志，鲁迅为什么还能恋栈十四年，不早生异志，另图他谋呢？归根到底，还得说教育部这份工作对鲁迅有一定的吸引力。

吸引力之一，教育部的待遇高，有一份让鲁迅比较满意的收入。

鲁迅在日本留学七年，两年在弘文书院补习日语，一年多在仙台医学专门学校学习，最后弃医从文，到东京提倡文艺运动。

鲁迅的志向是要拿起文艺的武器，唤醒国民，疗救国民精神上的创伤。但是鲁迅也是平常人，也需要吃饭穿衣、养家糊口、考虑生计问题。

一九一二年，新文化运动还没有开始，靠写作是不可能维持生活的。鲁迅在日本的时候和二弟周作人合译出版过两本《域外小说集》，以介绍外国的文学名家，小说集由同学蒋抑卮垫资，原计划在东京的群益书店和蒋家在上海的广昌隆绸缎庄代售，挣一点钱后能继续出下去，没想到第一本印了一千册，卖了半年才卖了二十一本。第二本情况更惨，印了五百册，最后只卖了二十本。靠卖文为生在那个时代极不现实。二十世纪二十年代初白话文经过五四运动的洗礼，发展迅猛，但是当时的中国，现代报纸期刊出版业才刚刚起步，有些杂志甚至连稿费也没有，这个时期，专门写作还不是一个独立的职业。

鲁迅就职于教育部之初，虽然早已有志于文艺运动，但还没有什么文学实绩，更谈不上社会地位和影响，读书校书、整理碑帖、辑录古籍、翻译作品属于业余爱好、个人兴趣，不仅没有什么经济收益，还要花费钱财，他真正的白话文写作是始于一九一八年发表于《新青年》的《狂人日记》。《新青年》是同人杂志，鲁迅在这里发表的小说杂感等等都是没有稿费的。需要说明的是，《新青年》并不是纯文学杂志，而是思想文化类刊物，由同人轮流编辑出版，编者、作者编稿、写稿都是不拿报酬的。这之后，鲁迅"一发而不可收"，创作了大量的新文学作品，但稿费、版税的收入也十分有限，直到一九二三年他的日记中才有六十九元稿费的收入记录，二十世纪二十年代以后他的创作处于高峰期，稿酬和版税才

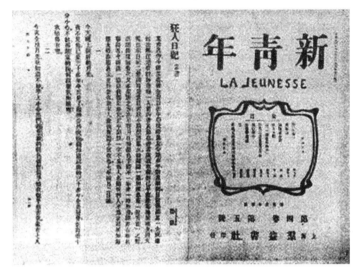

新青年杂志

逐年增多，但是和他在教育部的固定收入无法相比。

除了写作，鲁迅的第二项专长应该是教书。鲁迅在日本留学七年，除了为文学做了充分的准备，却没有正式的文凭和其他的专业特长，在文凭至上的大学不可能马上得到理想的职位和收入。他在北京时期，自一九二〇年以后，先后在八所学校兼过课，讲课费的收入并不多，而且这份职业也不固定，最多的像北大，每月十八块大洋，最少的像黎明中学，只有六块钱，在有的学校讲课甚至还是义务任教，不拿任何报酬。作为鲁迅的第二职业，在北京时期，讲课费在他的收入中占很小的比例。比较而言，教育部工作稳定、清闲，收入颇丰，又有一定的社会地位，受人尊敬，当一名公务员是他当时最好的选择。

事实说明，鲁迅能在教育部一干十四年，不可回避的一个原因就是收入高。用鲁迅的话说是为了"弄几文俸钱"，以养家糊口。一九〇九年八月他回国后，先在杭州浙江两级师范学堂、后在绍兴府中学堂、绍兴浙江山会初级师范学堂当过教师、监

学等。在绍兴任教期间，他每月的薪水只有三十多元。后来到教育部工作，其收入并非像鲁迅所说的只是"几文俸钱"，而是相对高薪，待遇比较丰厚。刚开始孙中山领导的南京临时政府，资金匮乏，教育部连固定的办公场所都没有，借了几间房挂了块牌子草草办公。"其时一切草创，规模未具，部中供给膳食，每人仅月支三十圆。"（许寿裳语）但两三个月以后，南北议和，孙中山辞去当了九十一天的临时大总统，由袁世凯接替，教育部作为民国临时政府的教育机关由南京迁到北京，与原来清朝的学部合并，机构相对正规，经费也到得落实，鲁迅的薪资五月至七月份便增至六十元。八月份被任命为社会教育司第一科科长后，最初领半薪一百二十五元。同年十月月薪即定二百二十五元，第二年即一九一三年二月增至二百四十元，一九一四年八月增为二百八十元，一九一六年三月增加到三百元，到离职时一直未变，偶尔年底还有若干奖金。这时的工资收入是银洋，按现在的币值，一元银洋至少要在人民币二百元以上。

当然，一个不可忽视的事实是，当时的北洋政府财政困难，教育部有时欠薪或用纸币折抵银圆，公务员的实际收入要大打折扣。鲁迅最长的时候被欠薪两年半之久，有时不得不找朋友借贷，一九二六年七月二十一日，他在《记"发薪"》一文中，就说自己是"精神上的财主"，"物质上的穷人"，为此多次参与了北京教育界向军阀政府的索薪请愿活动。尽管教育部的大洋三百不能足额按时发放，但总体上来说，鲁迅的收入还是相当可观的。

我们姑且不论以鲁迅当时的学历文凭能否在大学聘为教授，即使是当上教授，收入也不比公务员高。一九一九年前后，即使是北京大学，六到一级教授的薪金为一百八十到二百八十块银圆，他的二弟周作人当时在北大当三级教授，月薪是二百四十元，毛泽东一九一八年在北京大学图书馆当管理员时，每个月的收入才八块钱，而更底层的劳工、人力车夫等等，每月只有三五块钱。

至于鲁迅一九二六年八月辞掉教育部的工作，也是"另谋高就"，林语堂邀他到厦门大学教书，校方开出的是每个月四百元的高薪，当然除了这个原因，还有为了逃离北京这个是非之地，暂避北洋官僚和帮闲文人的迫害，更是为了追求爱情，和许广平奔向新的生活。

吸引力之二：教育部工作轻闲，时间充裕。

官场虽然乌烟瘴气，令人憎恶，但有不错的收入，而且关键是这份收入不用付出太多的辛苦，有着相对宽松自由的工作环境，办公时间每天少则三四小时，多也不超六个小时，考勤不严，有大把的空闲时间。

鲁迅到教育部工作的第一天就在日记中写道："枯坐终日，极无聊赖"，显现出一种不适应，但是为生计谋，既来之则安之。一杯茶，一支烟，一张报纸看半天，应该是当时教育部公务员生活的常态。鲁迅自然是不甘同流合污的，余下的大把时间他正好用来干自己喜欢的事情。

在教育部工作的十四年，新文化运动还没有开始之前，鲁迅埋首于故纸堆中，辑校抄录古书，搜集金石拓片，还一度研究过佛经。一来是为收录整理古籍，为日后研究中国小说史做准备，二来也是为了打发时间，掩人耳目。从《新青年》创刊以后，新文学运动开始，鲁迅投身其中，进入到白话文写作的高潮，发表了大量的小说、散文、杂感等作品，随着作品数量的日益增多和社会影响的日渐扩大，他的文学地位也如日中天，一支如椽之笔行云流水般挥洒自如。这些作品的问世以及在外面兼课都得益于在教育部空闲的时间。如果工作紧张，事务繁忙，压力大、节奏快，鲁迅就是有三头六臂也不可能全面开花，尽展才华。

正是有了教育部这一份体面、清闲、自由而又高收入的稳定职业，才让鲁迅在一个科长的职位上坚持了十四年之久。

鲁迅是被骗回国的吗

　　几乎所有的文章、著作在论及鲁迅婚姻的时候，都一致认定一九〇六年夏秋时节鲁迅是被母亲以生病为由从日本骗回国的，他是在毫不知情、毫无准备的情况下扮演了新郎的角色。对这种说法我表示怀疑，以鲁迅的聪明智慧，能不明白此次回国将要面临的问题吗？

　　周作人曾说过："鲁迅是在那一年里预备回家，就此完姻的。"

　　也就是说，鲁迅一九〇六年夏秋回国完婚早在计划之中。周作人虽然表示自己当时在南京读书，对家里重修房屋和鲁迅将要结婚的事情并不十分清楚，但是他和在日本的大哥始终保持着通信联系，对鲁迅回家完婚一事不可能只是猜测。

日本留学时的鲁迅

　　鲁迅的堂叔周冠五虽然比鲁迅小六岁，但是都住在新台门，两家的关系很好，周冠五与周氏三兄弟都是好朋友，对周家的情况十分了解，当年鲁迅的母亲鲁瑞和儿子的通信大多是由他代笔。当初鲁迅在日本和母亲通信时表示，涉及婚姻问题，他希望女方能读书、放足，也只是希望而已，并不是把它作为成婚与否的先决条件。

周冠五在《我的杂忆》中说：

> 鲁母知道我和鲁迅在通信，就叫我写信劝他，我写信后得到鲁迅回信，他说：要娶朱安姑娘也行，有两个条件：一要放足，二要进学堂。安姑娘思想很古板，回答脚已放不大了，妇女读书不大好，进学堂更不愿意。后来把这情况又告诉鲁迅，结果鲁迅回信很干脆，一口答应了，说几时结婚几时到，于是定局结婚。定了日子，鲁迅果然从日本回国，母亲很诧异，又是高兴又是怀疑，就叫我和鸣山两人当行郎，他穿套袍褂，跪拜非常听话。

> （周冠五著《鲁迅家庭家族和当年绍兴民俗》，上海文化出版社 2006 年版，第 245 页）

鲁迅最初对婚姻的态度是既不积极响应，也不激烈反对，顺其自然。这个前提是他对深爱的母亲十分相信，虽然败落的周家经济上已经十分拮据，他的自身条件也谈不上多出色，长相一般，身材偏矮，正在异地南京求学，事业前途无所考量，但是天底下的母亲没有不爱自己儿女的，她们会尽其所能为孩子找一个门当户对条件般配的配偶。这一点他是深信不疑的。

日本留学时的鲁迅

那时候的周家境况十分不好，

鲁迅十三岁以后家里一连出现变故，祖父因科场舞弊案入狱，父亲重病不治身亡，年幼的四弟得暴病去世，家庭经济败落，家人接连亡故，一连串的打击让母亲鲁瑞疲于应付，为了增加家里的一点喜气，鲁瑞这才开始张罗着为长子议婚。十八岁的鲁迅当时正在南京上学，没有太把婚事放在心上，后来自己多年留学日本，接受新思想新文化的熏陶，他最初对母亲为自己选择的旧式女人不满意，曾经有过退婚的想法，但一经试探便遭到母亲的极力反对，没有合适的理由，又碍于亲友的情面，退婚对朱家会造成极大的伤害，对周家的声誉也相当不利，于是鲁迅这才提出过让对方放足学文化，这种要求只是希望而已，是不可能实现的，当然最后也都落空了。他克己奉母，侍亲至孝，听从家里的安排，对当时回国成婚是有一定思想准备的。

要儿子回国，总得找个合适的理由，这种做法，司空见惯，于是老家来电报说是母亲生病，这其中的隐情，鲁迅也应该有所意会。

曾与鲁迅一家有过亲密交往的俞芳听老太太鲁瑞对她说过：

倒是朱家以女儿年纪大了，一再托媒人来催，希望尽快办理婚事。因为他们听到外面有些不三不四的谣言，说大先生已娶了日本老婆，生了孩子……太师母又说：我实在被缠不过，只得托人打电报给大先生，骗他说我病了，叫他速归。大先生果然回来了，我向他说明原因，他倒也不见怪，同意结婚。结婚那天，花轿进门，掀开轿帘，从轿里掉出一只新娘的鞋子。因为她脚小，娘家替她穿了一双较大的绣花鞋，脚小鞋大，人又矮小，坐在轿里，"上不着天，下不着地"，鞋子就掉下来了。

（俞芳《我记忆中的鲁迅先生》，浙江人民出版社 1981 年版）

俞芳笔下的太师母,是对鲁迅母亲的尊称;鲁瑞对别人说的大先生,就是指自己的儿子鲁迅。

鲁母提到的所谓谣言,有这样一种说法:有一次鲁迅在日本的公园看见一位妇女,背上背着一个孩子,怀里抱着一个孩子,后面还跟着一个孩子,在拖泥带水地走路,他跑过去,替那位妇女抱过手里的孩子。这件事也许被其他留学生看见了,便传言说是鲁迅娶了日本女人,并有了孩子。

这种说法当然是不可信的传言,鲁迅是一九○二年到日本留学,一九○六年回国完婚,这四年之中,他不可能娶妻生子,而且这么短的时间就有了三个孩子!这种传言,鲁迅的母亲和朱家都不会信以为真,只是催他回来的借口。

母亲以病重为由召鲁迅回国,确有其事,但以鲁迅的智商,能不明白这其中很可能另有原因吗?在日本的时候他一直和家里保持着通信联系,母亲的身体状况他是了解的,母亲病重也许确有其事,更大的可能也许只是一种托词。但是回国与朱家姑娘谈婚论嫁的问题却肯定是无法回避的,因为六年以前母亲就为他议订了这门亲事,三年前他第一次从日本返乡探亲时,朱家已经来催过婚,这些情况鲁迅都是知情的,他不可能不想到这一点。须知,一九○六年的鲁迅已经二十六岁,而朱安已经二十九岁,待字闺中、盼夫成婚已经超过了八年。朱家的担心自在情理之中,为女儿着想,不可能不着急,不可能让婚事一拖再拖。鲁迅心里虽不情愿,但是母命难违,只能顺从母亲的安排。所以,不能说他是被骗回国的,对婚事尽管他不满意、不拒绝,但是有预感、有准备,只是没想到事情会来得这么突然。

藤野先生眼中的鲁迅

一九二六年十月十二日，鲁迅在厦门写下了他的散文名篇《藤野先生》，这篇散文被收录到中学语文课本中，藤野先生的名字由此广为人知。

鲁迅在文章中饱含深情地回忆道：

但不知怎地，我总还时时记起他，在我所认为我师的之中，他是最使我感激，给我鼓励的一个。有时我常常想：他的对于我的热心的希望，不倦的教诲，小而言之，是为中国，就是希望中国有新的医学；大而言之，是为学术，就是希望新的医学传到中国去。他的性格，在我的眼里和心里是伟大的，虽然他的姓名并不为许多人所知道。

藤野先生

藤野先生是鲁迅在日本仙台医专留学时的解剖学老师。上学期间，藤野对这位来自中国的学生表现出了应有的关爱。鲁迅一生对他授业的三位老师充满了感情，其中就有藤野先生，另两位是寿镜吾和章太炎。

寿镜吾是生活于绍兴的一个学问渊博的宿儒，考中秀才后厌恶功名，终身以坐馆授徒为业，鲁迅十二岁从师求学，达六年之久。他的散文名篇《从百草园到三味书屋》中，对寿镜吾先生充满感情，说他是"本城中极方正、质朴、博学的人"，品行端正、耿直倔强、疾恶如仇、爱憎分明；他不打人、不骂人，待己严、待人宽，开通明朗，让学生觉得尊而可亲。私塾"三味"之意，说法不一。一种说法取自"读经味如稻粱，读史味如肴馔，读诸子百家味如醯醢（即醋和肉酱）"的古语。大意是：读四书五经之

寿镜吾

类味如吃米面，是食物之根本；读史记味如喝美酒吃佳肴；读诸子百家之类的书，味如酱醋（烹调中的佐料）。另一种说法，"三味"是指布衣暖、菜根香、诗书滋味长。布衣指的是老百姓，"布衣暖"就是甘当老百姓，不走仕途，当官发财；"菜根香"是指满足于粗茶淡饭，不追求山珍海味般的享受；"诗书滋味长"是指认真体会诗书的深奥内容，能获得深长的滋味。寿先生的品质性格对鲁迅产生了重要影响，师生感情深厚，他每次回乡都要登门拜望老师，每年春节前也会亲笔写信，拜年问候。

章太炎是近代著名的思想家、革命家、学问家，一生特立独行、狂热进取、放浪形骸、敢作敢为，有"章疯子"之称。一九〇六年他流亡日本时期主持《民报》，鲁迅常与许寿裳等去

报馆听他讲学。鲁迅不仅折服于他渊博的学识及和蔼可亲的长者风度，更钦佩他的革命精神。评价他说："考其生平，以大勋章作扇坠，临总统府之门，大诟袁世凯包藏祸心者，并世无第二人；七被追捕，三入牢狱，而革命之志终不屈挠者，并世亦无第二人。这才是先哲的精神，后生的楷模。"章太炎于一九三六年六月十四日去世，比鲁迅早四个月。鲁迅那时的身体状况已非常不好，但还是抱病写下了悼念文章《关于太炎先生二三事》，逝世前两天（十月十七日）又写了《因太炎先生而想起的二三事》，这是他生前写的最后一篇未完稿，可见对恩师章太炎的感情之深。

章太炎

藤野，全名叫藤野严九郎，出生于医生世家。一九〇四年，鲁迅到日本仙台医专读书时，三十岁的藤野由讲师升为教授。

鲁迅在《藤野先生》中主要记录了自己和老师交往的四件事：

一是藤野先生检查并修改"我"所抄的讲义。他把"我"的讲义"从头到末，都用红笔添改过了，不但增加了许多脱漏的地方，连文法的错误，也都一一订正"。表现了先生对教学的认真负责、一丝不苟和对学生的关心关爱。

二是藤野先生帮助订正"我"的解剖图中的错误。指出"我"画的解剖图中一条血管移了一点位置，并加以改正。表现了先生严肃的科学态度和循循善诱的作风。

三是藤野先生关心"我"的解剖实习，怕"我"不肯解剖尸体，后来放心了，表现了他对不同文化的尊重和正直无私、正直诚恳的态度。

四是藤野先生向"我"了解中国女人裹脚的详细情况，表现了他对探索研究严谨求实，没有民族偏见。

鲁迅在仙台上了一年多学以后，便"弃医多文"到东京从事文学活动，从此与藤野音讯断绝，再未见面，但是对老师始终充满敬意，藤野先生为他所改正的讲义，订成三厚本，作为纪念永久收藏着。临别时送给他的照片一直挂在北京寓所阜成门内西三条胡同二十一号屋内的东墙上。

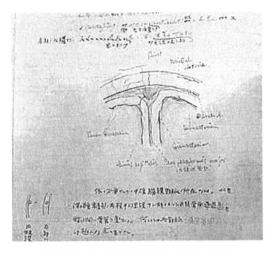

藤野先生为鲁迅修改过的笔记

鲁迅对藤野先生念念不忘，感怀至深，那么藤野对鲁迅的印象如何？

一九三六年底，鲁迅去世后，一位日本记者拿来了一张鲁迅逝世时的照片采访藤野先生。藤野得到消息，表情严峻，正襟而坐，把那张照片举过头顶，认真端详，然后写下了一篇《谨忆周树人君》的文章，一九三七年发表在三月号的《文学案内》上。好在文章不长，我们将译文附下，看看藤野眼中的鲁迅：

因为是多年前的旧事了，所以记忆不是很清楚。但我可以确定我从爱知医学专门学校转职到仙台医学专门学校是明治三十四年（一九〇一年）末的事。在那之后两年或三年，周树人君作为第一个从中国来的留学生进入了仙台医学专门学校学习。因为是留学生，不需要参加入学考试，

周树人君和一百人左右的新入校生以及三十多人的留级生一起听课。

周君身材不高，脸圆圆的，看上去人很聪明。记得那时周君的身材就不太好，脸色不是健康的血色。当时我主讲人体解剖学。周君上课时虽然非常认真地记笔记，可是从他入学时还不能充分地听、说日语的情况来看，学习上大概很吃力。于是我讲完课后就留下来，看看周君的笔记，把周君漏记、记错的地方添改过来。如果是在东京，周君大概会有很多留学生同胞，可是在仙台，因为只有周君一个中国人，想必他一定很寂寞。可是周君并没有让人感到他寂寞，只记得他上课时非常努力。

如果留下当时的记录的话，就会知道周君的成绩，可惜现在什么记录也没留下来。在我的记忆中周君不是非常优秀的学生。

那时我在仙台的空崛街买了房子，周君也到我家里来玩过，但也没有什么特别的印象了。如果我过世的妻子还在世的话，或许还可以回忆起一些事情。前年，我的长子藤野达也在福井中学时，主讲汉文的管先生说："这本书上写了你父亲的事，你拿去看看。如果真是那么回事，给我们也讲一讲那些

藤野先生送给鲁迅的照片

事情。"于是长子达也借回了周君写的书让我看,这些作品似乎都是佐藤翻译的。

这以后大概过了半年,管先生来和我会面,也谈到了书中所讲的那些事情。从管先生那里,我知道周君回国之后成了优秀的文学家。管先生去年去世了。听说在姬路师范当老师的前田先生也说过周君的一些事情。

让我再回到前面的话题。周君在仙台医学专门学校总共只学习了一年,以后就看不到他了,现在回忆起来好像当初周君学医就不是他内心的真正目标。周君临别时来我家道别,不过我忘记这次最后会面的具体时间了。据说周君直到去世一直把我的照片挂在寓所的墙上,我感到很高兴。可是我已经记不清是在什么时候、以什么样的形式把这张照片赠送给周君的了。

如果是毕业生的话,我会和他们一起拍纪念照,可是一次也没有和周君一起照过相。周君是怎样得到我这张照片的呢?说不定是妻子赠送给他的。周君文中写了我照片的事情,被他一写,我现在也很想看看自己当时的样子。我虽然被周君尊为惟一的恩师,但我所做的只不过是给他添改了一些笔记。因此被周君尊为惟一的恩师,我自己也觉得有些不可思议。

周君来日本的时候正好是日清战争以后。尽管日清战争已过去多年,不幸的是那时社会上还有日本人把中国人骂为"梳辫子的和尚",说中国人坏话的风气。所以在仙台医学专门学校也有这么一伙人以白眼看待周君,把他当成异己。

少年时我向福井藩毕业的野坂先生学习过汉文,所以我很尊敬中国的先贤，同时也感到要爱惜来自这个国家的人们。这大概就是我让周君特别亲切，特别感激的缘故吧。周君在小说里，或是对他的朋友，都把我称为恩师，如果我能早些读到他的这些作品就好了。听说周君直到逝世前都想知道我的消息，如果我能早些和周君联系上的话，周君会该有多么欢喜呀。

可是现在什么也无济于事了，真是遗憾。我退休后居住在偏僻的农村里，对外面的世界无甚了解，尤其对文学是个完全不懂的门外汉。前些天从报纸上得知周君鲁迅去世的消息，让我回忆起上面所说的那些事情。不知周君的家人现在如何生活？周君有没有孩子？深切吊唁把我这些微不足道的亲切当作莫大恩情加以感激的周君之灵，同时祈祷周君家人健康安泰。

请注意文章里的几个关键句："周树人君作为第一个从中国来的留学生进入了仙台医学专门学校学习。因为是留学生，不需要参加入学考试。""周君上课时虽然非常认真地记笔记，可是从他入学时还不能充分地听、说日语的情况来看，学习上大概很吃力。"笔记有"漏记、记错的地方"、"在仙台，因为只有周君一个中国人，想必他一定很寂寞。""在我的记忆中周君不是非常优秀的学生。"同学"以白眼看待周君，把他当成异己"。最主要的是这样一句话："现在回忆起来好像当初周君学医就不是他内心的真正目标。"

作为一个日本人，相信藤野先生的记忆完全是凭着当老师的直觉，真实地记录下他眼中的鲁迅，不可能也没有必要掺杂着别的因素。

鲁迅到仙台学医之前在弘文学院补习了两年日语，但是在专业性比较强的医学课程上，他的日语水平不足以应付学业；即使他学习非常努力，成绩却在中等水平；他一个人混在日本同学中，身边极少朋友，想必是孤独寂寞的，加上一些日本同学的嫉恨排挤，翻检笔记、写匿名信、语含讥讽，鲁迅自然愤恨难忍，摆脱这种被歧视被侮辱的环境，放弃希望不大的医学专业，及时调整方向，发挥所长，从事自己喜欢的文艺，是鲁迅最明智的选择。

藤野早年学习过汉语，对中国文化有一些了解，对来自中国的学生同情、爱护，这才有了一段与鲁迅令人难忘的师生情。

鲁迅的散文《藤野先生》记述了他临走的前几天，藤野叫他到家里，交给他自己的一张照相，后面写着两个字："惜别"，及"谨呈周君"，并签下自己的姓氏。这张照片鲁迅十分珍惜，

三味书屋

一直挂在北京寓所阜成门内西三条二十一号老虎尾巴的东墙上，书桌对面，以时时鞭策、激励自己。

> 每当夜间疲倦，正想偷懒时，仰面在灯光下瞥见他黑瘦的面貌，似乎正要说出抑扬顿挫的话来，便使我忽又良心发现，而且增加了勇气，于是点上一支烟，再继续写些为"正人君子"之流所深恶痛绝的文字。

藤野先生强大的人格魅力，影响了鲁迅的一生。但这样一个重要的细节，藤野竟然不记得了。

> 据说周君直到去世一直把我的照片挂在寓所的墙上，我感到很高兴。可是我已经记不清是在什么时候、以什么样的形式把这张照片赠送给周君的了。……周君是怎样得到我这张照片的呢？说不定是妻子赠送给他的。

送鲁迅照片的事应该确实存在，有签字为证，但照片很可能是藤野先生说的是提前写好，临别时由他妻子赠送的。《藤野先生》是文学作品，即使是散文，适当的、局部的、有限的虚构也是可以的。散文是一种回忆性文体，是对记忆的打捞和还原。一方面，人的记忆有偏差、有选择，即使是亲闻亲见亲历的东西也不一定就是真实的，"眼见不一定为实"，这是指无意的虚构；另一方面，为了行文的方便，为了文章的整体效果、表述的方便、增加美感等等，作家在个别细节进行有意的虚构也是允许的。收入《藤野先生》的散文集《朝花夕拾》，鲁迅在小引中自白，这些作品："是从记忆中抄出来的，与实际或有些不同，然而我只记得是这样。"赠照片这一细节也许存在着一些虚构成分。但作为散文创作，只要大事不虚，尽可小事不拘，少许的虚构加工，作为一种手法，是为文学的真服务的。

藤野先生做事认真、一丝不苟，待人公正平等、热情诚恳，从不歧视弱国的学生，在他眼里的鲁迅不过是一个普通的学生而已，他并没有觉得自己做了什么了不起的事情，修改讲义、订正解剖图、关心学生的学习生活，他以为这都是一个教师分内应尽的职责，是天性使然。鲁迅在仙台医专第一年的期末考试中，唯一不及格的课目就是藤野教的解剖学，得分59.3。撩上一分，送个人情，是很容易的事，但是他并没有特意照顾，手下留情。

藤野先生说："我虽然被周君尊为惟一的恩师，但我所做的只不过是给他添改了一些笔记。因此被周君尊为惟一的恩师，我自己也觉得有些不可思议。"他的真实坦率，严谨负责，让我尤为感动！

鲁迅当过"乞食者"吗

鲁迅在他的自传中说过这样一段话:

> 到我十三岁时,我家忽而遭了一场很大的变故,几乎什么也没有了;我寄住在一个亲戚家,有时还被称为乞食者。我于是决心回家,而我底父亲又生了重病,约有三年多,死去了。我渐至于连极少的学费也无法可想;我底母亲便给我筹办了一点旅费,教我去寻无需学费的学校去,因为我总不肯学做幕友或商人,——这是我乡衰落了的读书人家子弟所常走的两条路。

这篇文章收入中学的语文课本,许多读者都耳熟能详,几乎所有的鲁迅传记都引用过,以此说明少年的鲁迅受"乞食者"一词的刺激,感到侮辱,看透了世态人心的真面目,开始清醒地认识社会与人生。

鲁迅真的做过"乞食者"吗?当时真实的情景如何?我们试做分析:

先从家庭变故说起。

一八九三年九月初,鲁迅的爷爷周介孚(福清)因犯有科场行贿罪潜逃上海,案发不久,鲁迅的父亲周伯宜在科举考场被扣压考卷，解押到省城审问。绍兴知县接到上级命令，派差衙役到新台门周家捉拿犯官。当天，十三岁的鲁迅正在三味书屋读书，台门里九岁的周作人正在厅房和十二岁的小叔叔伯升一起念书，老师是另一位同族的伯文叔。这时，门外传来一阵喧闹声。周作人和伯文叔赶出去，见两个差役一边喊着"捉拿犯官周福清……"一边闯进台门。听到这个消息，周家人顿时陷入一片惊慌混乱。当天夜里，鲁迅与周作人兄弟俩被送到亲戚家寄住，亲戚是他的两个舅舅。周树人（鲁迅）住皇甫庄村的大舅鲁怡堂家，周作人住小舅鲁寄湘家。当时周家在新台门的主要成员有：鲁迅的继祖母蒋夫人、庶祖母（周介孚的姨太太）潘大凤、母亲鲁瑞、鲁迅的小叔叔周伯升，以及六岁的三弟周建人和只有四个月大的四弟椿寿。

主持家政的鲁瑞之所以把两个稍大的儿子送到娘家兄弟家，主要原因是为了避避这场风波，家里出了乱子或说是变故，上有老下有小，丈夫不在身边，孩子一时照顾不上，这才决定将他们送走。至于风险、危难应该说不至于祸及孩子身上。

惯常的说法是，祖父周介孚畏罪潜逃，官府抓不到人，会让家里的男性顶罪。但实际情况是，鲁迅的父亲当时在外赶考，事发时已经被押解询查，祖父周介孚如果不归案，他是儿顶父罪的第一人选；第二个应该是周介孚姨太太生的小儿子周伯升，虽然他比鲁迅还小一岁，但论血缘他是犯官的次子，而且他后来也的确多次提出要顶替父亲坐牢。十岁上下的鲁迅兄弟作为孙辈应该没有这种危险。之所以要送他们到乡下避一避，是生活出现了困难，不想让他们受到连累和影响，但兄弟俩不会存在着性命的危难，不像有些人讲的，是为了避难，怕被官府连坐抓进牢里，如果真存在这种危险，躲到几十里外的舅舅家也脱不了干系。其后，鲁迅不知情的父亲被抓进监狱关了一段时间，约一个月后，祖父周介孚怕牵连家属过重，主动投案自首。

周介孚后来被判为"斩监候"，在杭州监狱关了八年多，鲁迅的父亲周伯宜意志消沉，沉溺烟酒，吸食鸦片，身患重病，于四年后去世，周家为救祖父出狱、诊治父病，家道中落，"从小康坠入困顿"，但这种败落是有一个过程的，在鲁迅兄弟寄住乡下舅舅家半年多的时间里，家境应该说还是小康水平，生活质量没有受到大的影响。

我们再看看鲁迅的母亲鲁瑞娘家的情况。她的老家是在距离绍兴城三十五里路远的水乡安桥头村，离海边不远。鲁瑞的爷爷鲁世卿早年刻苦读书，考取了功名，从偏僻的乡村到京城为皇家的木料仓库管账，据说官拜四品，在家乡算得上是出人头地的成功人士。发迹后他在老家买了七百亩良田，并在绍兴城里、老家安桥头都置了宅子。鲁瑞的父亲鲁希曾（晴轩）更是青出于蓝，是咸丰朝辛亥科的举人，娶了翰林院编修的女儿何氏为妻。后任户部主事，正六品，与知县的级别相等或略高。晚年因病隐退乡里，鲁希曾感到安桥头村的台门狭小逼仄，连挂"文魁"匾额的地方都没有，于是便搬到了离家十五里远更大的村子皇甫庄，典了绍兴著名文人、书法家范啸风的旗杆台门西半部的宅院居住。旗杆台门共六进屋宇，高大宽敞，环境优美。鲁迅的母亲兄妹五人，一哥一弟，两个姐姐，姐夫、兄弟、自己的丈夫都是秀才，都是读书人。鲁瑞的婆家和娘家一样，门当户对，都是典型的书香门第、官宦人家。鲁迅三岁时，其外祖父去世，两个舅舅坐食家中，不事生产，家道开始败落，但无论如何，吃穿不愁，生活当在小康水平。

鲁瑞在娘家是幺女，嫁给绍兴城的名门周家、翰林之子，也算是鲁家的骄傲。公公未出事之前，鲁瑞常带孩子回娘家省亲，至少春节、清明是必回的，鲁迅从小对舅舅家并不陌生，和几个表兄弟表姐妹关系十分亲近，即使是村里熟识的玩伴也是不少的，如六一、七斤、阿发、双喜等等，最著名的是颈上套着一个银项圈的闰土，他们一起玩游戏、摸鱼捉虾、捕麻雀、扮鬼卒、看社戏……乡下生活不仅让他开阔了视野，也体尝到了农民生活的艰辛苦痛，鲁迅快乐的童年记忆有相当一部分是与外婆家有关。鲁瑞在家庭出现重大变故的困难时刻，首先想到的是送孩子到两个兄弟家，说明娘家兄弟有这个能力和条件，孩子情感上也愿意接受。

当时，鲁迅的外祖母随小儿子鲁寄湘生活，家里有四女一子，周作人住在小舅舅家，鲁迅则住在大舅鲁怡堂家，上面有一个表哥一个表姐。两家几个十岁上下的孩子天天在一起玩，其乐融融，关系亲密而融洽。大舅长年吸食鸦片，躺在床上喷云吐雾，起得很迟，连床也很少下，虽然不管家务，但对外甥很关爱，经常嘱咐自己的儿子要照看好表弟。舅舅家有各种藏书，鲁迅常常用读书来打发时间，其中一本道光年间木刻原版的《荡寇志》是他最喜欢的读物，开本大，图像清晰生动，引发了鲁迅绘画的兴趣，他买了一种半透明的薄纸"荆川纸""明公纸"，将书里的绣像影写，几个月的时间竟绘了一百幅，画像订成了一大册，后来卖给了一位有钱的同窗章翔耀。

到年底，因皇甫庄典屋到期，兄弟俩随大舅迁居小皋埠秦家台门（因一度开过当铺，也称"当台门"），外婆则随小舅回到了安桥头的老家。秦家台门是大舅前妻的弟弟秦少渔与一胡姓人家共有，台门的一间小套房里有很多书，乱扔一堆，任由鲁迅取阅，他这时虽然暂时不能再到三味书屋随寿镜吾先生念书，但却借机看了不少像《红楼梦》及侠义之类的小说，并经常和这位有学问、擅作诗的少渔舅舅聊天。周作人说："总之他在那里读了许多小说，这于增加知识之外，也打下了后日讲'中国小说史'的基础，那是无可疑的吧。"（《知堂回忆录》，湖南人民出版社1982年版）住宅的后面是当地历史上非常著名的娱园，虽已残败不堪，荒凉破旧，当年却是周氏兄弟与几个表兄妹游玩娱乐的天堂。鲁迅在这半年多的时间里，除了祖父犯案留下的阴影，兄弟俩的生活总体上是快乐的、惬意的，自然优美的乡村风光，淳厚朴实的民风民俗，友善亲近的少年伙伴，以及儒雅谦和、知识渊博的前辈范啸风、秦少渔等等，都给他们留下了深刻而美好的印象。从他们两个人后来的回忆文章中，没有一处写到过在舅舅家受到任何委屈和歧视，更不要说生活或精神上的虐待了。

那么，鲁迅又何来"乞食者"一说呢？

我们知道，所谓"乞食者"，就是乞丐、要饭的。周家台门里的大少爷、二少爷在自己舅舅家住一段时间，别说给不给生活费，以周家的财力会吃白食吗？绝对不可能！林黛玉也在舅舅家住过多年，贾府像她这样寄居的还有几位，什么时候有人说过她们是"乞食者"？当然，这话出自鲁迅笔下，许多人便坚定不移地信以为真。其实，我以为，鲁迅是过于敏感了，一个富家子弟遭遇重大家庭变故，往往要比穷人家的孩子承受更大的心理压力、心理落差。别人不经意的一句话，一个眼神都可能让他产生联想。一种可能是，鲁迅在一九二五年写的这句话，是文学语言，述说自己寄人篱下的心理感受，以强化家庭变故对他造成的深刻影响，读者大可不必认真，不能简单地将"乞食"理解为"乞丐""要饭的"。另一种可能是，乡邻，或者玩伴也许真有人说过这样的话，平时周家的大少爷不会往心里去，这时却偏偏记住了这刺耳的字眼，伤了鲁迅的自尊。

周作人在回忆文章中也提到过这件事：

> 我因为年纪不够，不曾感觉着什么，鲁迅则不免很受到些刺激，据他后来说，曾在那里被人称作"讨饭"，即是说乞丐。但是他没有说明，大家也不曾追问这件不愉快的事情，查明这说话的究竟是谁。这个刺激很不轻，后来又加上本家的轻蔑与欺辱，造成他的反抗的感情，与日后离家外出求学的事情也是很有关联的。

（周作人著《鲁迅的青年时代》，河北教育出版社2002年版）

周作人记录的话也是听鲁迅说的，但没有任何细节，何时何地谁说过这话？早已无考。有的作者说，"乞食者"这句话是舅舅家的人说的，这是毫无根据的猜测、想象。是谁说的不重要，说没说也不重要，关键问题是周氏兄弟当年是不是"乞食者"的身份与处境，答案当然是否定的。因为"避难"初期的周家还没有败落，受祖父科场行贿一案的影响，名声是有些不大好，但家庭的经济状况没有因此受到重创，舅舅一家及乡人对他们都是关爱照顾的，鲁迅和周作人也许产生过寄人篱下的感受，但是没当过一天"乞食者"。

鲁迅日记与书信中的朱安

一

鲁迅笔下涉及亲人的文章不多，甚至他连自己的母亲都没有写过，对父亲他也只在《朝花夕拾》中间接描写过。至于朱安，由于鲁迅对这位结发夫人始终不接受、不喜欢，两个人形同路人，更不会在文章中留下一个字。即使在纯粹私人化的日记、通信中都没有提到过朱安的名字。

在鲁迅留下的所有文字中涉及朱安的只有寥寥几次，三次出现在日记中，四次出现在通信中。

我们就日记中的朱安依次试做分析：

《鲁迅日记》一九一四年十一月二十六日记载："下

中年鲁迅

午得妇来书，二十二日从丁家弄朱宅发，颇谬。"

丁家弄朱宅是朱安在绍兴的娘家，朱安是不识字的，这期间她正在娘家省亲，信肯定是由别人代笔，很可能是她的兄弟，因为给自己丈夫写信，内容不同于一般的家信，很可能涉及个人隐秘，一般不会让不亲近不信任的旁人代笔。这一年朱安三十七岁，与鲁迅结婚超过了八年，两个人离多聚少，始终分居。这一年鲁迅三十四岁，在北京教育部供职，一个人住在绍兴会馆，除了上班，业余时间和精力大部分用于辑录古书、收集金石拓片和研读佛经上。婚后的八年，他只在绍兴待了一年半左右，长年住在学校，偶尔回家，也极少住宿，即使住宿，也是与朱安分居。

朱安让人代写的这封信里说了什么，信件没有留下，不好妄加揣测。多数研究者认为，说是朱安劝鲁迅纳妾。一个三十七岁的中年妇女，婚后八年还没有孩子，再怎么贤惠孝顺，按照传统的"妇德"标准，无儿无女，不能给周家延续香火，也算是一种过错。而此中的内情难与人言，鲁迅长年和她连话都不说，更不同房，怎么可能会有孩子？所以有人认为此信是朱安劝说夫君纳妾，似乎也在情理之中。

当然，还有一种可能，鲁迅到北京单身生活已经两年多，身边需要有人照顾，朱安来信表示有意到北京来与丈夫团聚。

也有人认为是朱安对鲁迅拿钱供养大家庭提出异议，因为鲁迅和朱安没有孩子而收入很高，一九一四年他的月薪为二百八十元大洋，把收入的绝大部分用于周家大家庭的开支，朱安心有不甘。这种说法的可能性不大，朱安在家里始终处于弱势，没有话语权，没有支配权，干涉丈夫的钱财也不符合她的性格。

另一种说法是：朱安在房间发现了一条白花蛇，民间常把蛇视为淫物，她心中不安，请周作人买了一枚用于辟邪的"秘戏泉"，希望以此消除晦气。她自以为这是一件很严重的事，在信中告诉丈夫。

这四种分析各有各的道理，但原信不存，无据可依，只能是一种推测。不管怎样，鲁迅是连信都没有回，只以"颇谬"二字做答，说明他对朱安的态度十分冷淡、决绝。

《鲁迅日记》一九一九年十二月二十四日："下午以舟二艘奉母偕三弟及眷属携行李发绍兴。"

当时鲁迅回到绍兴，卖掉新台门旧屋，在北京西直门内公用库八道湾十一号买好了房子，决定举家北迁，定居北京，"眷属"自然指的就是妻子朱安。他虽然在感情上不接受朱安，但作为自己名义上的太太——他的"眷属"自然应在随行之列，对于朱安，虽然得不到丈夫的爱，但是在旧式大家庭中的地位是稳固的，她才是鲁迅明媒正娶、名正言顺、八抬花轿娶进门的原配夫人。

《鲁迅日记》一九二三年八月二日："下午携妇迁居砖塔胡同六十一号。"

这是鲁迅一生中最痛苦最消沉的时期，此前的七月十九日，鲁迅、周作人兄弟失和，相濡以沫几十年的哥俩反目为仇，鲁迅决计尽快搬出八道湾。遇此变故，这时的朱安不知所措，朱安信任丈夫、敬重丈夫、依赖丈夫。在她的恳求下，鲁迅这才"携妇迁居"，从有几十间大房子的宽敞宅院搬到砖塔胡同六十一号的三间小房，暂时借住。

鲁迅从一九一二年五月一日至一九三六年十月十九日去

世，二十多年始终坚持写日记，直到去世的前两天，内容涉及上千个历史人物及事件，是研究鲁迅的重要资料。但是在他的日记中只有三处写到了朱安，没有指名道姓，只以"妇、眷属"代之，似乎生活中没有朱安这个人，可见他们夫妻关系的异常，可见朱安在他心目中的地位之低。这种封建包办婚姻造成的痛苦成了他不愿触及的伤疤。

二

鲁迅留下的书信有一千多封，但是没有一封是直接写给朱安的。在两个人三十年的婚姻生活中，有二十多年异地生活。即一九〇六年鲁迅新婚四天后重返日本三年，一九〇九年八月回国在杭州教书近一年，一九一二年二月至一九一九年底近八年单身在北京，一九二六年九月四日至一九二七年一月十五日在厦门一百三十五天，一九二七年一月至一九三六年十月去世，与许广平在广州、上海等地，他和妻子朱安在一起生活的时间只有七年左右。他们虽然没有感情可言，但朱安始终是鲁迅名义上的夫人，就现有的资料，我们发现鲁迅离开妻子二十多年的时间里，从来没有直接给朱安写过信，自己所有的信息都是在与母亲的来往信件中传递，可见鲁迅对自己婚姻及妻子朱安的冷漠态度。

鲁迅没有给妻子朱安写过信，在与别人的通信中提到朱安也只有屈指可数的四次，我们归纳如下：

一九二五年九月二十九日，鲁迅在给许钦文的信中谈到："内子进病院约有五六天现已出来，本是去检查的，因为胃病；

现在颇有胃癌嫌疑，而是慢性的，实在无法（因为此病现在无药可治），只能随时对付而已。"

"内子"即是指妻子朱安，她因胃病住了五六天医院，许钦文是鲁迅的同乡和学生，与朱安的关系较好，所以鲁迅在信的末尾提到了妻子的病，其实朱安一九四七年因心脏病去世，活了六十九岁。

鲁迅自一九二六年八月与许广平双双南下，转年到上海共同生活，朱安一直与鲁迅的母亲生活在一起，十年中，鲁迅共回过两次北平，在与许广平的通信中提到过朱安。

第一次是一九二九年五月十五日，鲁迅回到北京看望母亲，他在两天后的十七日与许广平的信中提到朱安："上午，令弟告诉我一件故事。她说，大约一两月前，某太太对母亲说，她

鲁迅书信手迹

做了一个梦，梦见我带了一个孩子回家，自己因此很气愤。而母亲大不以气愤之举为然，因告诉她外间真有种种传说，看她怎样。她说，已经知道。问何从知道。她说，是二太太告诉她的。我想，老太太所闻之来源，大约也是二太太。"

"令弟"是指许广平的同学许羡苏，许钦文的妹妹，鲁迅的老乡及学生，当时一度寄居在阜成门内西三条二十一号，与鲁瑞和朱安为伴，关系十分密切友善。某太太说的是妻子朱安。丈夫在上海与学生许广平同居等消息是与鲁迅交恶的二弟媳

（二太太）——周作人的夫人羽太信子说的。朱安内心肯定会痛苦万分，又听说许广平已经怀有身孕，心里感到气愤憋屈十分正常。而鲁迅这时正沉浸在即将当父亲的喜悦中，根本不会顾及朱安的感受。

第二次也是最后一次，是一九三二年十一月十三日鲁迅回北京探望病中的母亲，在阜成门内西三条二十一号旧居共住了十六天，期间在大学做了五次讲演，他在十五日给上海许广平的信中，再一次提到朱安："某太太于我们颇示好感，闻当初二太太曾来鼓动，劝其想得开些，多用些钱，但为老太太纠正。"

鲁迅上次回京时儿子海婴还在腹中，而这一次海婴已经三岁，对于鲁迅的后继有人和海婴的生长情况，母亲和朱安特别高兴并给予极大的关心。这一次鲁迅回京，朱安"颇示好感"，不仅仅对于鲁迅自己，而是对于他们的三口之家表示好感，因为许广平为鲁迅生了儿子，有了香火继承人，了却了朱安的心事，这是一个很大的原因。鲁迅这一次提及的朱安似乎态度有所改变，已经接受了现实，对丈夫有了孩子表示极大的喜悦，其实对于鲁迅来说，根本不在意她接受不接受、高兴不高兴。鲁迅这个时期给北京家里的生活费每个月一百五十元，略有节余，朱安从不会额外要钱。让她没想到的是这是她和鲁迅的最后一次相处，四年之后大先生便在上海去世了。

鲁迅于一九三四年五月二十九日写给母亲的信中，又提到太太朱安。这一次是由于朱安曾在信中问鲁迅，关于她侄子工作的事，鲁迅向母亲说明自己和三弟周建人为朱安侄子工作的事已经尽了力："十六日函中，并附有太太来信，言有铭之第二子，在上海作事，力不能堪，且多病，拟招至京寓，一面觅事，问男意见如何。可铭之子，三人均在沪，其第三子由老三荐入印刷厂中，第二子亦曾力为设法，但终无结果。男为生活计，只能漂浮于外，毫无恒产，真所谓做一日，算一日，对于自己，且不能知明日之办法，京寓离开已久，更无从知道详情及将来，所以此等事情，可请太太自行酌定，男并无意见，且亦无从有何主张也。以上乞转告为祷。"

朱安娘家有一个弟弟朱可铭，鲁迅与他一直有书信往来和钱物馈赠等联系，日记中都有记载。对于他的三个儿子鲁迅曾给予帮助找工作，小儿子托周建人介绍到印刷厂工作。二儿子原来也在上海工作，因身体不好难以坚持，朱安打算将他叫至北京家里暂住，另找工作。有研究者认为朱安当时有认侄子为养子的想法，她托人给鲁迅写信征询意见，鲁迅向母亲说了上面这些话。话很平淡，对于朱安及其亲人，只能力所能及，对朱安的来信不回复，不明确表态，只请母亲转告想法。同时道出了自己的生活状况，表现出对漂泊生活的感叹与无奈。

与鲁迅和许广平相比较，朱安自是极黯淡的，她是鲁迅的母亲赐给他的"礼物"，鲁迅不爱她，但鲁迅生活的背后却始终不能没有她，她是鲁迅的太太，至少在母亲的面前是这样。鲁迅向来爱憎分明，在婚姻问题上也从来没有掩饰过。

一九三六年六月，鲁迅曾在致李秉中的信中说，因海婴的照片由朱安收转，不知收到与否，"舍间交际之法，实亦令人望而生畏，即我在北京家居时，亦常惴惴不宁，时时进言而从来不蒙采纳，道尽援绝，一叹置之久矣。"从这段话看出，鲁迅虽未提到朱安的名字，"舍间"无疑是指她对自己的话是经常听不进去的，他在失望之余只能"一叹置之"。

鲁迅生前写过大量的书信，除许广平外，与其他女性也都有不少的书信来往。从一九二六年八月他南下至一九三〇年三

鲁迅新观察
LU XUN XIN GUANCHA

月三年多的时间里,鲁迅与母亲的通信都是通过许羡苏转达的,信件多达一百多封,信的抬头,大多是"母亲大人敬禀者",从来不提妻子朱安一句,视为无物,不闻不问。朱安虽不识字,但大先生来信她肯定是知道的,自己在丈夫心中的地位,她一清二楚,多年受到冷遇,她不接受、不习惯又能怎样?!

这期间,鲁迅给许羡苏写过一百五十五封信,许的回信也在一百封以上,一九三〇年三月许羡苏离开北京到河北教书。鲁迅和母亲开始直接通信,鲁瑞给儿子的信改由老邻居俞芳代写,到鲁迅逝世时,六年多的时间里他共给母亲写了一百一十六封书信。但是鲁迅却偏偏没有给自己的原配妻子朱安写过一封信,在与别人的通信中也只是只言片语提到过四次,这不能不说明他对朱安的态度——只把她作为"礼物"供养在母亲身边。

朱安与许广平

朱安与许广平，两个人很难相提并论，一个是目不识丁、足不出户、内向木讷、保守传统的小脚女人，一个是有知识、有文化、开朗热情、性格叛逆的新女性。两个人的家庭背景、成长环境、脾气秉性、思想观念差异很大，几乎没有可比性。朱安是封建婚姻的牺牲品，一辈子没有享受过爱情。许广平则不畏压力，大胆追求爱情，与爱人相互支持、相互帮助、相互关怀。她们的共同点，爱的都是同一个男人——鲁迅，由此，便有必要分析一下两个人的关系。

朱安见过许广平吗？答案是肯定的，朱安肯定见过许广平，但时间是在鲁迅离开北京之前和去世之后。

当年（一九二三年），许广

鲁迅许广平与儿子海婴

平在北京女子高等师范学校读书，鲁迅是她的老师。一九二五年三月十一日因"女师大风潮"，师生开始通过信件密切交往。一个月中两个人同在北京，书信往还却多达十一封。到七月底双方往返的书信有四十多封。四月十二日，许广平和另一位女同学第一次到鲁迅阜成门内西三条二十一号寓所拜访。八月份，女师大被章士钊领导的教育部下令解散，许广平八月八日一度住进西三条周宅，两人交往密切，由此情定终身。转年八月二十六日，鲁迅与许广平同车南下，在上海分手后，一赴厦门，一赴广州。在北京这一年半私密的交往中，许广平多次到过鲁迅西三条的家里，并小住一段时间。其时的鲁迅四十四岁，已与朱安结婚十九年。只是在客人来访时，鲁迅一般不会让妻子朱安出面招待。原因很简单，朱安身材矮小，面黄肌瘦，没有女人的妩媚之态，既缠足，没有文化，又说着一口绍兴话，两个人名为夫妻，形同路人，婚后始终分居。尽管朱安老实本分，待人和善，性格温顺，深得鲁迅母亲的喜欢，也对丈夫的生活照顾得细致入微，但是鲁迅始终不接受她，也不愿意让她见客，尤其是女客人。作为妻子的朱安内心的苦闷不言自明。有时家里来了客人，她也会以女主人的身份出面亮相。许广平等人多次来访、吃饭，并在此寄居小住，她们肯定是见过的。

自一九二六年八月二十六日下午，鲁迅和许广平南下，直到鲁迅一九三六年十月十九日在上海去世，许广平没有回过北京，她和朱安也无从见面。鲁迅去世后，北平家里一度断了经济来源，养家费用主要由许广平和周作人承担。从那以后许广平开始与婆母鲁瑞通信。

在鲁迅去世的当月朱安就托人给周建人写信，转告比她小二十岁的许广平，欢迎她们母子搬到北平同住：

> 嫂进退维谷，乃思许妹及海婴为堂上素所钟爱，倘肯莅平朝夕随侍，庶可上慰慈怀，亦即下安逝者。再四思维乃挽同和森表伯商明，二弟即托我弟代陈许妹择期整装，早日归来。动身有日，先行示知，嫂当扫径相迓，决不能使稍受委曲（屈）。至若居处，拟添租东院（傅承浚之房），或西院（和森表伯所租之房），或住嫂之房，余再腾他处，至一切什物自必代备，总之许妹与余同一宗旨同一境遇，同甘共苦扶持堂上，教养遗孤，以慰在天之灵，是余肝膈之要用，特竭诚相告也。倘许妹尚有踌躇，尽请提示条件，嫂无不接受，敢请三弟为我保证。申上之事多赖代劳照管，可免嫂辈远顾之忧。

朱安的善良坦荡、大度宽厚可见一斑。她以一个主人的姿态，一厢情愿地欢迎许广平带孩子到北京生活，共同照顾老人，抚养孩子，并全部接受许广平的条件，其情切切，其心拳拳。信中与许广平姐妹相称，也许在她心里还天真地觉得自己在旧家庭里保有原配"大妇"的地位，而对方却从来没称过她"姊"，只称"朱女士"，以后偶有通信，朱安才以"许女士"相称。

一九三七年春节，鲁迅母亲鲁瑞八十岁大寿，一九四三年四月二十二日，鲁瑞逝世，这两件周家重大的日子，许广平因种种原因都没有回到北京，和朱安自然也无从见面。

此前的朱安始终与鲁迅的母亲相依为命，许广平和鲁迅生前一样通过和鲁瑞的通信保持着与周家的联系。鲁瑞去世后她才开始与朱安直接通信，内容主要是家庭经济和孩子。一九四二至一九四四年，汇款和通信中断两年多，直到一九四四年秋出现了"出售鲁迅藏书风波"，许广平去信加以阻拦，汇款得以继续，两个人这才重新开始通信。此后，朱安依然家用不足，困苦度日，但总算有了一定的经济保障，和许广平的关系也变得融洽了，恢复了书信往来，并互相关怀问候。朱安也开始请人代笔直接给从未谋面的海婴写信，表达关爱之情。

丈夫、婆婆去世，朱安把许广平和海婴当作了自己的亲人。尤其是海婴，虽然不是自己所生，虽然从未见过面，但毕竟是大先生的血脉，她觉得自己名义上也是母亲。

周海婴在《我与鲁迅七十年》中也说：

> 我从来没见过朱安，所以也谈不上什么印象。不过从她与母亲往来信件看，她对我还是很关爱的……我知道在她心里，把我当作香火继承人一样看待。

抗战后期，朱安在给海婴的信中期许他："早自努力光大门楣，汝父增色，亦一洗我一生之耻辱也。"（一九四五年十一月二十七日致海婴），也把自己的行为与海婴的未来放在一起看待："故宁自苦，不愿苟取，此于汝之将来前途，亦有关系也。"（一九四五年十二月二十七日致海婴）

有一次她在信中提出："你同你母亲有没有最近的相片，给我寄一张来，我是很想你们的。"

孤苦无助的老太太把丈夫大先生（鲁迅）的骨肉当作自己的骨肉，既然是周家香火的继承人，也就像自己的儿子一样，虽然她至死也没有见过孩子一面。

一九四六年十月二十四日在鲁迅逝世十周年之后，许广平为整理鲁迅藏书及其他物品来到北平，不仅和朱安见了面，两个人还在阜成门内西三条二十一号的住所里一同生活了将近半个月。这是二十年来朱安再一次见到许广平。她虽然是一个没有文化的弱女子，但是对鲁迅的选择是正视和接受的，和许广平相处，关系也是融洽的，并常常抱病前去帮助她一同清点鲁迅的藏书、手稿和各种遗物等等。孤独无助的老人非常珍惜这段两个人相处的时间。她不善于表达感情，在许广平回沪之后，才托人写信告诉她自己的感受："你走后，我心里很难受，要跟你说的话很多，但当时一句也想不起来。承你美意，叫我买点吃食，补补身体，我现在正在照你的话办。"

善良的朱安将许广平视如姐妹，将周海婴视同己出。海婴十五六岁时，她开始直接给从未谋面的他写信，表达关爱之情。

一九四七年三月，她在身体极度衰弱的情况下，将鲁迅遗产及著作权的全部权益转移给周海婴。直至病危临终前，她还念念不忘他们母子俩。

朱安在处理与许广平的关系上是大度的、得体的。

实事求是地说，朱安和许广平作为鲁迅生活中最重要的两个女人，在交往中总体上关系是融洽的，相互理解的，以朱安的能力水平，她也为维护鲁迅做出了自己的贡献。

所谓"鲁迅的初恋"与琴姑

有些鲁迅的传记及研究文章，在提到他的感情经历时都说他的初恋对象是他的表妹琴姑——他小舅舅鲁寄湘的大女儿。

这些传记及文章的基本内容如下：

琴姑比鲁迅小两岁，知书达理、温婉漂亮，不仅放了足，还读了书，能看一些比较深奥的医书，因为她的父亲中秀才后屡试不第，最后做了郎中，对医道颇有研究。鲁迅的母亲对这位内侄女非常喜欢，有意娶琴姑为媳。父女二人知道这个消息都很高兴。周树人（鲁迅）是绍兴名门之后，周家的长子长孙，聪明上进，志向宏大，家境因祖父科场舞弊一案开始败落，但家底厚实，生活不成问题。更重要的是二人两小无猜，情投意合。鲁迅的母亲鲁瑞每年都要带孩子回乡下娘家省亲，祖父犯案后，十二三岁的树人与二弟作人

青年周建人

还在两个舅舅家住过半年以上时间，鲁迅和琴姑都喜欢读书，常在一块玩，感情很好。据说，鲁迅的保姆长妈妈听了这个消息，对鲁瑞说了一段话：琴姑属羊，鲁迅属蛇，两人命相犯冲，不宜婚配。鲁瑞自然是最疼爱儿子的，听了长妈妈的话，婚事从此不了了之。

据说，鲁迅的小舅舅对这种结果，非常不满意。琴姑更是伤心欲绝，后来她嫁给了别人，婚后不久心情抑郁，得了重病，临终前心有不甘地对服侍她的贴心妈妈说：

> "我有一桩心事，在我死前非说出来不可，就是以前周家来提过亲，后来忽然不提了，这一件事，是我的终身恨事，到死都忘不了。"

> ……

> 后来这位妈妈把琴表姊临终的话讲给我母亲听，我母亲听了，低下头，半天没有作声。

> 后来我一想，确实，我母亲有她的难处，自从她知道我的琴表姊那遗恨终身（生）的话，心里非常内疚。我母亲也爱琴表姊的。我觉得小舅父因琴表姊的死，似乎对我母亲也颇有意见，我亲耳听他对母亲气哄哄地说："难道周家的门槛那么高吗？我的女儿就进不了周家的门吗？"

> （分见周建人口述、周晔编写《鲁迅故家的败落》，福建教育出版社 2001 年版，第 218 页、第 232 页）

这些文章都说，鲁迅与小表妹是青梅竹马，两小无猜，把她当作自己的初恋，可惜造化弄人，两个人不仅最后劳燕分飞，而且琴姑为情所伤，婚后不久，抑郁成疾，丢了性命。

以上就是所谓鲁迅初恋的大致情况。

更有甚者，添油加醋，编造一些子虚乌有的故事来蒙骗读者，说鲁迅一八九八年到南京矿路堂读书时，琴姑送鲁迅进入车厢，依依不舍地拿出一支钢笔送给表哥留做纪念。须知，二十年后，鲁迅一九一九年年底回绍兴接全家到北京定居，先走水路到杭州，然后再换乘火车，辗转抵京，"以舟奉母偕二弟及眷属携行李发绍兴。"当时的绍兴根本就没有火车。这些拙劣编造的八卦故事根本就不值一驳。

鲁迅与鲁琴姑的初恋故事流传甚广，此说最初的版本出于何处，不得而知，但可以肯定的是，在周建人一九八四年口述出版《鲁迅故家的败落》之前，有关鲁迅的传记及亲朋好友的回忆文章均未提到这一情节。最有可能的知情者，鲁迅自己、母亲鲁瑞、二弟周作人、爱人许广平及儿子周海婴等人都从没有提及过鲁迅初恋这件事；鲁迅同时代的朋友许寿裳、郁达夫、钱玄同、林语堂等也未证实鲁迅有过什么初恋的对象。周建人口述的这一细节只能是孤证，其真实性值得怀疑，这之后出现的一些鲁迅传记或文章，基本上都是道听途说、捕风捉影的虚构和臆测，根本不值一驳。琴姑在鲁迅的

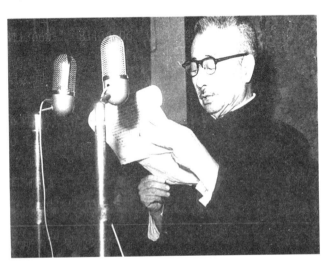

周建人

生活中确有其人，但和鲁迅的初恋故事却完全可能是杜撰的，不值得相信的。

为什么这么说？

如果琴姑是鲁迅的初恋，他生前对这段感情只字未提过，不仅在文章、书信、日记中未留下任何文字，对亲人、知近朋友也从未说起过。

初恋总是让人难忘的，越是没有得到，越把她想象得美好。不论这个男人是叱咤风云的豪杰，是多情多艺的风流才子，还是懵懂无知的一介草民，对于第一个深爱的女人，总会把她藏在内心最柔软的地方，难以忘怀。

以鲁迅的性情，如果心里真有琴姑这样一个人存在，不可能没有一丝流露。他有两个舅舅，大舅鲁怡堂家有一个表姐，小舅鲁寄湘家有四个表妹，琴姑是小舅家的大女儿，与鲁迅年纪相近，只小两三岁，在几个表姐妹中关系应该是比较近的，爱好相近，志趣相投，能说到一块，玩到一块，接触最多的时期是祖父出事后寄居在大舅家那半年多的时间。十二三岁的鲁迅对表妹有可能产生好感，但产生恋情的可能性不大。其后，鲁迅回家读书，医治父病，经历家庭败落的过程，十八岁离开家乡到南京求学，与琴姑几乎没有联系。即使母亲鲁瑞有过让他娶表妹的念头，鲁迅也是毫不知情的。周建人说，母亲为他向小舅父提亲一事，鲁迅生前是不知道的。就算这件事有可能真实存在，也是鲁母的意思，琴姑的意愿，既然鲁迅生前根本就不知道，何来初恋之谈？！

鲁迅的母亲鲁瑞是一个性格坚韧刚强、思想开明、富有主见的老太太，她虽然没读过多少书，通过自学，却能读书看报，接受新事物也较同龄人更快，甚至不怕人们议论，放了足。这样的女性，认准的事一般轻易不会改变主意。她要为儿子找媳妇，喜欢上自己的侄女琴姑，两家意欲订婚，这样的大事，岂是一个女佣长妈妈几句话就能否定的。那时候儿女的婚姻都是"父母之命，媒妁之言"，人们重信守诺甚于今天，鲁瑞出尔反尔，提婚悔亲，对娘家人怎样交代？其后侄女因此病故，她岂不是要背上一辈子的心理负担？女佣长妈妈无疑是疼爱鲁迅的，如果她真是出于迷信破坏了这段让鲁迅难以忘怀的初恋，他应该心存抱怨才对，但鲁迅不仅对她毫不反感，而且在《朝花夕拾》中满怀深情地写下了《阿长与山海经》一文，对这位保姆长妈妈寄托了真诚的怀念之情。

晚年周建人

再说周作人，周氏三兄弟，鲁迅和小他四岁的二弟早年的关系最好，感情最深，两个人无话不说，性格爱好更为接近，周作人步大哥后尘相继在三味书屋、南京学堂、日本东京求学，后来又一度同在北京工作生活，大哥的情感经历，周作人比三弟周建人更为清楚。他在一九五七年出版的《鲁迅的故家》一书中记录了鲁迅青少年时期经历的人和事，在关于鲁家的一节中，只轻描淡写地提到一句："（鲁）寄湘生有四女一子，长女嫁在谁家未详……"长女就是鲁琴姑，周作人对这位略大自己一两岁的亲舅舅家的大表姐几乎没有什么印象，嫁给谁家不知道，是否病逝也没有提及，如果她是大哥鲁迅的初恋对象，周作人难道会一笔带过，遗漏这么重要的人物？他在记述长妈妈的两节中提到了母亲为鲁迅议婚朱安的细节，但也没有琴姑的出现，更不要说长妈妈反对的细节了。这说明，鲁迅的初恋情事，在周作人眼里根本就没有存在过。

最后再说周建人。他是鲁迅的三弟，比大哥小八岁，鲁迅青少年时期与二弟周作人交往更多，周建人对大哥早年的生活情况不是太清楚，至少不像二哥那样清楚。一九二七年，鲁迅携许广平定居上海，两家的关系才走动频繁，交往密切。鲁迅是否和他谈过自己的初恋，外人不得而知。他写过许多回忆大哥的文章，有一些为配合形势的应景之作，其中不乏个别的虚构之作。在出版《鲁迅故家的败落》一书之前，琴姑从未出现在回忆鲁迅、研究鲁迅的文章中，到了晚年他突然涉及这个话题，对它的真实性我表示怀疑。此书于一九八四年七月由湖南人民出版社出版，同月的二十九日周建人在北京逝世，享年九十六岁。据鲁迅研究专家陈漱渝老师介绍：周建人长女，"周晔整理这部书稿时，建老已届九十三岁高龄，不仅视力衰退，而且听力也衰退，给整理工作增添了难度。周晔为了唤起建老的记忆，提供了周作人的日记和回忆资料……"正是在这本书中，周建人首次记录了周家与琴姑议婚的问题，这成为之后许多文章书写鲁迅所谓初恋的依据来源。

按时间推算，即使鲁瑞真有和弟弟商议让儿子娶侄女的想法，也是在和朱家议婚之前，也就是鲁迅十八岁之前，那时候的周建人不到十岁，为大哥定亲，根本不可能告诉他一个小孩子，而琴姑据说出嫁不久于一九一〇年就病逝了，周建人那时也应该不过十一二岁，有关琴姑的婚事即使不是编造虚构的，也是他听说的，我不想说当年九十三岁的周建人有失忆的地方，就算有母亲为鲁迅议婚琴姑这件事，但鲁迅却不知情，也就谈不上什么"子虚乌有"的所谓初恋故事，至于有些后来者的记述都是在周建人的基础上大肆夸张、无限虚构的，靠演绎名人的婚变故事博取读者的眼球，因为，鲁迅和表妹琴姑的初恋故事很可能完全是杜撰的！

鲁迅打官司

一

首先应该明确的是，鲁迅一生只打过一次官司，许多文章在提到他打官司的时候有说是两次，有说是三次，甚至有说四次的，这些说法都不确实。比较多的是说他与学生、书商李小峰为版税问题打过官司。

李小峰是鲁迅在北京大学兼课教书时的学生，后开办北新书局，出版发行作家作品和杂志，因聪明好学，善于经营，书店规模扩大到上海。鲁迅的许多著作都交由北新书局出版，最多时达到包括《呐喊》《彷徨》《中国小说史略》《华盖集》等九本著作。版税高达百分之二十，稿费积年所欠超过两万元。

晚年鲁迅

　　鲁迅在上海开始职业写作之前，有教育部的工资和在外兼课等收入，稿费不占主要部分，定居上海后，基本上是靠稿费生活。随着鲁迅的影响逐渐扩大、中国出版业的日益成熟，他的作品及所编杂志《奔流》发行量不断攀升，北新书局的收益也日见增多，但李小峰却开始隐瞒印数，拖欠鲁迅的版税，以致最后竟拖欠了长达三四年之久。让鲁迅无法忍受的，不仅是自己的稿费，他负责编辑的《奔流》月刊，李小峰也借故拖延作者的稿费，弄得好多作者对鲁迅产生误会，以为是他的原因，弄得鲁迅百口莫辩，两头为难。为此，他多次给李小峰写信沟通此事，没想到对方置之不理，继续拖延，有耍无赖之嫌。鲁迅这才想起要拿起法律的武器，通过打官司讨回欠账，他写信告诉李小峰，已经聘请律师，准备向法庭提起诉讼。

　　鲁迅在一九二九年六月二十五日写给白莽的信中说：

　　　　《奔流》登载的稿件，是有稿费的，但我只担任编辑，编辑《奔流》，将所用稿子的字数和作者住址，开给北新，嘱其致送。然而北新胡（糊）涂，常常拖欠，我去函催，还是无结果，这时时使我很为难。……至于编辑部的事，我不知谁在办理，所以无从去问，李小峰是有两个月没见面了，不知他忙什么。

　　又过了近两个月，李小峰仍不理会，鲁迅忍无可忍，打算通过诉讼解决。他在八月十七日写给矛尘的信中提及此事：

　　　　老板原在上海，但说话不算数，寄信不回答，愈来愈甚。我熬得很久了，前天乃请了一位律师，给他们开了一点玩笑，也许并不算小，后事如何，此刻也难说，老板今天来访我，然已无及，因为我的箭已经射出去了。

　　自知理亏的李小峰见事情严重，立即找人调解，通过郁达夫及一些好友向鲁迅讲情，鲁迅念及旧情，也不想将事态扩大，两个人于一九二九年八月二十五日下午，双方在律师的见证下讨论协商，达成了三项协议：

（一）北新书局把图书的印刷纸版交回鲁迅（由郁达夫、章川岛作证）；

（二）北新书局历年所欠鲁迅的版税分 11 个月结清（由杨铿律师经手）；

（三）双方重新签订合同，依据《著作权实施规则》实行印书证制。

李小峰答应分期付清积欠鲁迅的一万八千余元，发放了《奔流》作者的稿费，并保证以后不再拖欠。

这场官司在朋友的斡旋下并没有打成，事后李小峰为感谢大家的帮忙还摆了一桌饭请客，席间还发生了鲁迅与林语堂争执闹翻的一幕。

与北新书局老板李小峰的版税纠纷经庭外调解，最终没有走上法庭，鲁迅"开了一点玩笑"，有吓唬对方的成分，目的在于讨回稿费，也就是说，这是一场没有打成的官司。

事隔两个月，鲁迅为自己家的保姆王阿花摆脱乡下丈夫纠缠一事又请过一次律师。

王阿花来自绍兴农村，鲁迅请她来照顾孩子和家务，王阿花在乡下被夫家卖到山里，一个人逃到上海帮工，丈夫得到她的下落后带人找到上海，准备抢她回去。王阿花表示宁可离婚也不回去。鲁迅替她找了律师，夫妻私下调解，王阿花付给丈夫一百五十元的赎身钱获得人身自由，此事得到解决。这场官司既与鲁迅没有直接关系，最终也没有打成。

二

纵观鲁迅一生，真正打过的官司只有一场，那就是一九二五年八月，他被教育部总长章士钊免职，将其告到了当时的司法机构平政院。

事情的起因源于一九二五年爆发的"女师大风潮"。

鲁迅的挚友许寿裳原来是北京女子高等师范学校（简称女高师）的校长，一九二四年二月，教育部委任杨荫榆接替许寿

北京女师大旧影

裳任女高师的校长，并于同年五月，将女高师改为女师大（国立北京女子师范大学）。学校的规模不是很大，当时全校有包括预科在内的学生二百三十七人，教职员七八十人。

杨荫榆一九〇七年官费东渡日本留学，进入东京高等女子师范学校读书，回国后先后在女高师工作过十年，当过学监兼讲习科主任，曾经在学生中有很高的威望。连许广平都承认："关于她的德政，零碎听来，就是办事认真、朴实，至于学识方面，并未听到过分的推许或攻击，论资格，总算够当校长的了。"这应该是较为公正客观的评价。

在女高师工作期间，杨荫榆又于一九一八年被教育部选派赴美留学，入哥伦比亚大学攻读教育专业。

杨荫榆的侄女、著名作家杨绛在《回忆我的姑母》中记录

了当时姑姑赴美留学时车站送行的场景："那天我跟着大姐到火车站，看见三姑母有好些学生送行。其中有我的老师。一位老师和几个我不认识的大学生哭得抽抽噎噎，使我很惊奇。三姑母站在火车尽头一个小阳台似的地方，也只顾拭泪。火车叫了两声（汽笛声），慢慢开走。三姑母频频挥手，频频拭泪。月台上除了大哭的几人，很多人也在擦眼泪。……我现在回头看，那天也许是我三姑母平生最得意、最可骄傲的一天。她是出国求深造，学成归来，可以大有作为。而且她还有许多喜欢她的人为她依依惜别；据我母亲说，很多学生都送礼留念；那些礼物是三姑母多年来珍藏的纪念品。"

客观地讲，论资历、论水平、论人品，杨荫榆出任女子师大校长都是够格的。她办事认真、严于律己、敬业守职、性格直爽，又有留洋背景，执掌校政富有热情，但同时又是一位循规蹈矩、待人严苛、不谙世事的女学究，属于事业型的女强人。她于一九二二年获得硕士学位后，回国继续任教。经过欧风美雨的熏陶，杨荫榆一心幻想着要按从西方学来的那一套教学理念办好中国的女子教育，殊不知对国情世情不了解，只能四处碰壁。一九二四年二月，她出任女高师校长以后表现得越来越强势，强调秩序、学风，严格学校管理，要求学生只管读书，反对过问政治，反对上街游行，在具体做法上又难免有一些独断专行的家长作风。有些学生不适应学校新的规章制度，对她产生不满。

杨荫榆

这一年（一九二四）秋季开学，女师大国文系预科二年级的三位学生，因当年南方发大水以及受江浙军阀开战等影响，交通受阻，回校时耽误了一两个月左右的时间，没有按时报到。杨荫榆不予通融，决定进行整顿校风，她在学生回来以后制定了一个校规，凡是逾期返校的都要开除。十一月初，她将三名学生开除，这件事在学生中引起了强烈反响。

一九二五年一月十八日，女师大的学生自治会召开紧急会议，三分之二的学生主张驱逐校长杨荫榆，递交了要她去职的宣言，并派四名代表前去教育部申述杨校长举措不当及种种压制学生的情况，请求教育部撤换校长。当时的教育部首脑更换频繁，总长未到任。

章士钊

四月份，北洋政府司法总长章士钊兼任教育总长，他支持杨荫榆的办学理念，强调"整顿学风"，对学生的要求自然置之不理。五月七日，杨荫榆以校长的身份主持"国耻纪念日"讲演会，遭到学生的反对，她们不承认其校长身份，用嘘声将她赶走。五月九日，校方在女师大张贴布告，开除刘和珍、许广平等六名学生自治会成员，矛盾激化，难以调解。十一日，女师大学生召开紧急大会，决定驱逐校长杨荫榆，学生开始轮流把守校门，阻止校长入校，并出版《驱杨运动特刊》，以造声势。二十七日，鲁迅、钱玄同等七名任课教师联名在《京报》上发表《对于北京女子师范大学风潮宣言》，表示坚决支持学生。

几天后，五卅运动爆发，女师大学生组织"沪案后援会"，这与杨荫榆的办学理念严重相违。因为怕爆发学生骚乱,七月底,杨荫榆以整修宿舍为由,要求暑假拒绝离校的学生搬出学校。八月一日,警察包围了学校,校方强令解散入学预科甲、乙两部等四个班,开始驱赶学生,关闭食堂,截断电线。八月十日,教育部下令停办女师大,在原址另成立国立女子大学。二十二日,坚守女师大的学生骨干刘和珍、许广平等十三人与政府当局发生冲撞,被强行拖出校门。

鲁迅在"女师大风潮"中始终支持学生,他两次为学生代拟呈教育部文,多次写文章抨击辩论,还一度住在学校与学生一起护校。学校停办后,教育部决定在女师大原址石驸马大街另办女子大学,将女师大十之八九的学生转入新校。鲁迅支持一部分学生反对解散学校,和其他教员组成了校务维持会,租赁京帽胡同的校舍,重新开学上课,有学生二三十名,为时三月,置校方与教育部的规定于不顾,公然对抗上级。

鲁迅的一系列行为,自然引起了教育总长章士钊的愤怒,他于一九二五年八月十二日,呈请段祺瑞执政免去鲁迅的教育部佥事职务。

三

关于女师大事件的是非功过,背景原因,我们不加评论,这里要说的是鲁迅与章士钊打的一场官司。

章士钊为什么要免鲁迅的官?在他看来,"女师大风潮"已经持续了半年以上,官方与学生互不相让,他久经官场,做事果断,作风强硬,兼任教育总长之后,高调宣称要整顿学风,计划合并北京的八所大学,统一考试,女师大学生与校长发生冲突，学生无视长上，必须严加管束，将学校解散，另成立国立女子大学，以接纳原女师大学生，这是他采取的措施之一。没想到自己的部下，教育部的小科长鲁迅却始终站在学生一边，屡屡发宣言，写文章，还参与成立校务维持会，公然与教育部作对，为了惩戒这些犯上作乱的人士，他拿鲁迅开刀，呈请临时政府免去他教育部佥事一职。

八月十二日，章士钊在致执政段祺瑞的呈文中陈述：

> 敬折呈者，窃查官吏服务，首在恪守本分，服从命令。兹有本部佥事周树人，兼任国立女子师范大学教员，于本部下令停办该校以后，结合党徒，附和女生，倡设校务维持会，充任委员。似此违法抗令，殊属不合，应请明令免去本职，以示惩戒（并请补交高等文官惩戒委员会核议，以完法律手续）。是否有当，理合呈请鉴核施行。谨呈临时执政。

转天，段祺瑞批准了他的报告，第三天，免职令正式发布。

鲁迅当时是教育部社会教育司第一科的科长、佥事，相当于处级待遇而无实权的公务员，好端端的铁饭碗让章士钊砸了，岂能善罢甘休。

看到自己的免职令，十五日鲁迅就写好了诉状，十六日晚，他找到了在平政院当首席书记官的老乡寿洙邻征求意见。寿洙邻是当年三味书屋塾师寿镜吾的次子，与鲁迅是亦师亦友的至交，两个人过从甚密。在寿洙邻的指点下，鲁迅认为自己胜券在握，决定上诉。八月二十二日，他赴平政院交付诉状，状告章士钊免职令违法。八月三十一日，他又赴平政院交纳了诉讼费三十元。九月十二日，平政院正式决定由该院第一庭审理此案。

平政院是当时北京政府法院组织系统的一部分，主管行政诉讼，负责察理行政官吏之违法不当行为，就行政诉讼及纠弹事件行使审判权。

鲁迅在诉状中写道：

> 树人充教育部佥事，已十有四载，恪恭将事。故任职以来屡获奖叙。讵教育总长章士钊竟无故将树人呈请免职。查文官免职，系属惩戒处分之一。依《文官惩戒条例》第十八条之规定，须先交付惩戒始能依法执行。乃竟滥用职权，擅自处分，无故将树人免职，显违《文官惩戒条例》第一条及《文官保障法草案》第二条之规定。此种违法处分，实难自甘缄默。

鲁迅没有请律师，自己写诉状，自己答辩。他不为自己辩解，有错没错，该不该受罚并不重要，关键是被告将其免职，属于"程序违法"。

中华民国成立之后，行政官员分特任、简任、荐任、委任四等：鲁迅所任的佥事一职，属于第三等的"荐任"文官，由各主管长官推荐给中央政府任命。根据当时的《文官惩戒条例》《文官保障法草案》等公务员法律法规，如果要惩戒官员，罢免鲁迅所任的佥事一职，须由主管上级备文申诉事由，经"高等文官惩戒委员会"审核讨论后才可实行。章士钊虽然身为教育总长也无权擅自决定。精通法律、担任司法总长的他自然明白这一程序，但是为了急于处理风潮、惩戒鲁迅，他想在事后补办这一手续，这当然是违法在先，实际上构成了程序违法，所以免职令是无效的。也就是说，即使章士钊认定鲁迅有错，应该受到惩处，但他的做法也是违法的。

平政院将鲁迅的诉状副本送交章士钊后，章士钊以教育部名义进行了答辩。他在答辩书中强调鲁迅违抗教育部关于停办女师大的部令，违反了《官吏服务令》。至于程序问题，答辩书称："乃其时女师大风潮最剧，形势严重，若不及时采取行政处分，一任周树人以部员公然反抗本部行政，深恐群相效尤，此项风潮愈演愈烈，难以平息，不得已于八月十二日呈请执政将周树人免职……"

十月十三日，平政院给鲁迅送来章士钊的答辩书副本，要求他在五日之内答复。在随后的辩书中，鲁迅对于自己违抗教育部命令的指控答复道："在部则为官吏，在校则为教员。两种资格，各有职责，不容牵混。"即，不能以教员的行为当作罢免官员的理由。一个是官员，一个是教员，身份不同，我以教员身份做的事，不能按官员的要求来处理。当然，从章士钊的角度理解自有他下令免职的道理。

接下来，答辩书中的一处硬伤让鲁迅抓住了："查校务维持委员会公举树人为委员，系在八月十三日，而该总长呈请免职，据称在十二日。岂先预知将举树人为委员而先为免职之罪名耶？况他人公举树人何能为树人之罪？"

章士钊是八月十二日呈文执政府要求将鲁迅免职的，文中指责他参与校务维持会，而实际上他被举为校务维持会委员的时间是在八月十三日，哪有预先构织罪名，先免职而后生罪的，这明显的是倒填日期。

针对章士钊提出擅自处分是出于"形势严重"，特事特办。鲁迅针锋相对道："查以教长权力整顿一女校，何至形势严重？依法免部员职，何至迫不及待？风潮难平，事系学界？何至用非常处分。此等饰词，殊属可笑。且所谓行政处分原以合法为范围。凡违法令之行政处分当然无效。此《官吏服务令》所明白规定者。今章士钊不依法惩戒，殊属身为长官，弁髦法令。"

官司打了几个月，其间，官场动荡，政局不稳，这一年（一九二五）的十一月二十八日，激进的学生再次（第一次为五月七日）冲击了章士钊在北京魏家胡同十三号的住宅，要求其下台，章被迫卸任，匆匆逃到天津，无暇顾及与鲁迅的官司。一度解散的女师大也于十一月底复校，杨荫榆这时辞职后也回到了苏州老家。

一九二六年一月十六日，新任教育总长、国民党员易培基兼任北京女子师范大学校长，等到平政院将鲁迅的互辩书再次送到教育部时，他以"此案系前任章总长办理，本部无再答辩之必要"为由，不再理会，教育部也很快取消了对鲁迅的免职处分，让他暂代佥事一职，在秘书处办公。

一月十八日，鲁迅重新回到教育部上班。

三月二十二日，平政院开会做出最后裁决，判决鲁迅胜诉，已经离职的章士钊及教育部"违法"。

三月三十一日，国务总理贾德耀签署了给教育部的训令，转述平政院"依法裁决教育部处分应予取消"的结论，命令教育部"查照执行"，于是，鲁迅与章士钊打的这场官司以完胜结束。

实事求是地讲，官司的获胜主要原因在于诉讼过程中，段祺瑞执政府已经垮台，章士钊继辞去司法总长、教育总长之后，其政府秘书长一职也不复存在，平政院在没有任何阻力的情况下，做出了撤销教育部的决定，而不是针对章士钊个人。

这场官司是由北师大风潮引起，鲁迅之所以在一九二五年深度介入这场风潮，除了自身的正义感之外，不能不说与两个人有直接关系，先是许寿裳，后是许广平。

许寿裳是鲁迅的终生挚友，他于一九二二年七月出任女高师的校长，对学校管理进行改革，购置图书仪器，延请名师，聘鲁迅、周作人、沈尹默、沈兼士等人到学校兼课，但谁能想到，"老实有余，机变不足"（鲁迅语）的许寿裳受到排挤，在女高师"驱羊（杨荫榆）运动"之前，还有一场"驱许迎杨"的风潮，女高师的学生于一九二三年八月要求他去职，转年二月许寿裳被迫辞去校长职务，接替他的就是杨荫榆。朋友的校长位子被杨荫榆占据，鲁迅心里对她的排斥抵触不言自明。

许广平是鲁迅在女高师教书时认识的学生，在"女师大风潮"的一九二五年三月二十一日他们开始通信，一个月后许广平登门到阜成门内西三条胡同拜访老师，八月份女师大被教育部解散，许广平住进了鲁迅家里，十月份两个人情定终身，正式成为恋人。

鲁迅为自己免职所打的平生唯一的一场官司，与"二许"不会一点关系没有吧？除了"公仇"，是不是也有一些"私怨"呢？

鲁迅与八道湾

　　一九一九年，鲁迅和二弟周作人都在北京工作生活，他自一九一二年随临时政府教育部由南京迁到北京，已经七年，周作人也已经在北京工作了两年多时间，兄弟两个人平时寄居在绍兴会馆，过着类似于北漂的生活，而这时家人还在老家绍兴。工作稳定下来，为了接家人到北京定居，他必须买一处住房。当时北京的房子以四合院为主，大小不一，星罗棋布。为此鲁迅费尽了周折，最终买下了第一处房子，这就是北京西直门内公用库八道湾胡同十一号院。

　　鲁迅在日记中记载："拟买八道湾罗姓屋"（一九一九年七月二十三日），"买罗氏屋成"（一九一九年九月十九日）。十一月二十一日鲁迅和周作人一家"移入八道湾

北京八道湾周氏兄弟故居

宅"。十二月二十九日鲁迅接母亲、妻子和三弟周建人一家抵京入住其中。

八道湾十一号院原来是罗姓的一处坐北朝南的大宅院，占地二千六百多平方米，院子分为前、中、后三进，外加一个西跨院，共有三十多间房。空地较多较大，钱玄同说"像学校操场那样大的空地"，蔡元培形容"简直可以开运动会"，话虽夸张，但肯定相当宽敞，十分便于孩子活动。鲁迅购房后，对房屋进行了必要的修缮。

进门的前院十分开阔，有一排三间一套的南房九间。鲁迅的书房和卧室开始先在中院西厢房三间，后来为了安心写作，改住前院前罩房中间的一套三间房子，他在这里创作完成了《阿Q正传》《风波》《故乡》《一件小事》《明天》《端午节》《社戏》等许多作品；中院是整个宅院的主体，有高大的正房三间和东、西各三间厢房，正房东、西两间分别住母亲鲁瑞和妻子朱安，中间的堂屋为饭厅；后院的房子最好，有一排后罩房九间，周作人一家住后院北房的西侧三间，周建人一家住后院中间的三间，东侧三间是客房；西跨院的房子为储藏室和佣人居室。

鲁迅当年购买的八道湾十一号院，用现在的话说是一处二手房，房款是三千五百大洋，中保人酬金，也就是中介费一百七十五元，加上手续费、改建装修费等共计大洋四千三百八十五元一角。这笔钱在当年价值不菲，一九一九年的一块大洋现在价值人民币两百元左右，甚至还要高，这么大的一笔数目，鲁迅一个人是担负不起的，他当年在教育部当科长，月收入三百大洋，时有欠薪，当时既没有在外面兼课，也没有什么稿费收入。房款的主要资金为变卖绍兴周家新台门老宅所得，加上他和周作人多年积蓄、贷款、朋友挪借，总之也是七拼八凑才买的房子。客观地讲，当年北京的房价今非昔比，鲁迅买的这所大宅院，四亩多地的四合院，三十多间房子，基本上花了他一年的工资，即使他算是高薪，一个部里的处级公务员，用一年的工资在北京买一所大宅院，这在今天是难以想象的。

宅院的房产主虽然写的是周树人（鲁迅），但并不是由他个人出资，实际上是全家共同所有。为此鲁迅当时还请了几位好友作为证人，订了一份房契，内容是八道湾宅院的房产，共分为四份，母亲鲁瑞和三个儿子周树人、周作人、周建人各占一份。鲁迅当时的想法是兄弟三人和睦相处永不分开，所以把绍兴老家聚族而居的生活方式复制照搬到北京，当

周作人在八道湾

然这个愿望最终还是落空了，三兄弟同院相处的日子只维持了三年多。

一九二一年九月，周建人因到上海任商务印书馆编辑，留下日本妻子羽太芳子和儿女在八道湾生活。一九二三年七月，鲁迅和周作人兄弟失和，义断情绝，八月二日，鲁迅搬出八道湾，"携妇迁居砖塔胡同六十一号"。房子当时是借住许钦文的妹妹许羡苏的同学俞芬的空房，转年五月，他第二次，也是最后一次搬到了一处二手房子：阜成门内西三条胡同二十一号（现北京鲁迅博物馆）。

　　这里需要特别说明的是：西直门内公用库八道湾十一号院的房产并非鲁迅一个人买的，它是举全家之力，凑钱贷款所购，他们兄弟三人及母亲都享有产权，只是鲁迅出钱出力最多而已。

　　周氏兄弟在八道湾十一号院接待过包括李大钊、蔡元培、郁达夫、钱玄同、胡适、梁实秋、沈尹默、刘半农等许多文化名人。

新台门不全是鲁迅故居

绍兴东昌坊口的鲁迅故里一条街上现有两处与鲁迅家有关的宏大建筑群，一处是鲁迅祖辈世代居住的周家老台门，一处为鲁迅青少年时代生活的周家新台门。

台门是绍兴对一些比较像样的房屋建筑群的特称。石砌的台阶和门框，两扇大门和围墙，里面是天井、走廊、住房、院落等，属于江南风格的深宅大院。台门里居住的基本上都是同族的本家亲戚，也就是说台门是有一定经济实力的某个家族集聚而居的大宅子。

周作人在《鲁迅的故家》里提到："乡下所谓台门的意思是说邸第，是士大夫阶级的住宅，与一般里弄的房屋不同。"

台门类似于北方的独门独院，只是规模更大一些，供一个家族或大家庭共同居住，所以一般以姓氏命名，如周家台门、朱家台门、寿家台门等等。当然，如果这个家族中有人在科举考试中取得显赫的功名，为了光耀门庭，也以这些官职命名，如状元台门、探花台门、解元台门等等。

绍兴自古富庶，文风蔚然，民居相对奢华宽敞，过去小小

的绍兴有三千台门之说，可见有钱人建一处台门在当年是很平常的事情。

鲁迅本名周树人，周家在绍兴是一名门望族，在东昌坊口原有三处规模宏大的台门。覆盆桥周家老台门是鲁迅的七世祖周绍鹏购置修建的，房屋四进，青瓦粉墙，砖木结构，是一座典型的封建士大夫住宅，占地三千〇八十七平方米。随着周家后代人口的繁衍，家族的扩充，祖居老台门的房屋不敷

绍兴的台门

使用，鲁迅的八世祖周渭在清朝嘉庆年间又购置了两个台门，即过桥台门和新台门。周家一分为三，长子住新台门，二儿子住过桥台门，小儿子和父母住老台门。新台门原是老台门东边二三百步远的东昌坊口数处房产，拆掉旧屋建成的六进坐北朝南的新宅院，鲁迅的曾高祖一房移居于此，鲁迅在一八八一年九月二十五日就出生在新台门。

在绍兴，鲁迅他们家被称为覆盆桥周家，祖居（周家老台门）分为致、中、和三房，致房底下又分为智、仁、勇三房，周家第九代勇房留在祖居老宅居住，智、仁两房迁到现在的周家新台门。智房下面分为兴、立、诚三房，仁房下面分为礼、义、信三房，鲁迅他们家属于智房下面的兴房。

周家新台门共分六进，共有大小房屋八十余间，连同后面

的百草园在内，共占地四千多平方米。

参观鲁迅故居很容易让人产生一种错觉，周家新台门的大门上方装着"鲁迅故居"的匾额，人们都以为偌大的一处建筑群都是鲁迅他们家的。其实，确切地说，鲁迅他们家只是周氏大家族的一支，其房产，也就是所谓的故居也只是周家新台门的一小部分，是其中的十几间房子台门里共居住着周氏家族

鲁迅故居百草园

中兴、立、诚、礼、义、信六个房族，鲁迅他们家只占其中的一小部分。新台门的房屋及百草园是周氏六门的共同产业。台门内的八十多间房屋是按族分配的，鲁迅祖父以下的一家三代人只是住了西首部分第三进的四楼四底一幢中式两层楼房，另有几间厢房和仓间。

据周建人的回忆：

我们新台门有大门（内有门房间）和仪门（挂匾额），这是第一进；大厅是喜庆、祝福用的，是第二进；大堂（也称神堂）是挂新台门共同的祖像、祭祖和停放死人用的，平时只当作通路走，是第三进。另外，在大厅西南还有大书房，供子弟读书用。这些都是公共的。住房是按房族分配的。我们兴房住的是第三进四楼四底，其中一间小堂前（对大堂和小堂的称呼，习惯上加一"前"字）是悬挂兴

房祖像的，小堂前东一是祖母和二哥住，楼上姑母回娘家时住；东二前半间曾祖母住，后半间吃饭；小堂前西一楼下是父母住，楼上是长妈妈带大哥或我住。小堂前和曾祖母楼上堆放杂物。……另外，大厅旁的七间厅房，也是我们的。

（周建人口述、周晔编写《鲁迅故家的败落》，福建教育出版社2001年版，第16页）

也就是说，新台门中属于鲁迅他们家自己的房间有十几间，搞不清这个问题，很容易会误以为整个周家新台门都是鲁迅故居，是他们一家居住的宏大宅院。

一九一九年十二月四日，鲁迅最后一次回到绍兴，经过新台门周家六房共同商议，决定将整座新台门连同后面的百草园，一起卖给东邻的富户朱阆仙家。房屋易主后，朱阆仙很迷信，怕周家败落的穷气带给他，在建造前把周家大部分地基深翻三尺，称之为挖掉穷气，原来的房屋大部分拆掉重建，台门内的建筑结构大部分已经面目全非。如今复原后的新台门有三进，台门斗、大厅、香火堂、厢房、杂屋等等，远非鲁迅小时候生活过的样子，所幸鲁迅他们家居住的两楼两底等主要建筑得以保存。迎面大厅"德寿堂"用于会见宾客，族人聚会宴请之用，香火堂安放祖宗牌位供祭祀之用，属于台门内房族的共同房产，并非鲁迅他们这一支独有的产业，百草园也是一样，它是坐落于台门后面的菜园子，也是周氏家族共有的田产。

卖了房子以后，鲁迅于十二月二十四日接上母亲鲁瑞、妻子朱安和三弟周建人一家迁居北京，从此他和故乡绍兴彻底隔绝，再也没有回过老家。

后　　记

少年总是心怀梦想的，我在学生时代就喜欢文学，后来读了中文系，我当时的梦想是，这辈子至少要发表一篇小说、一篇散文、一篇诗歌，或出一本书，把自己的名字印成铅字（四十年前还是铅印时代）。

大概是上了大二，我的老师王国绶先生是研究鲁迅的，其时，他担任我们的辅导员，一直鼓励同学们读书、练笔，尝试着给校报投稿。在他的督促下，我写了一篇一千多字的短文，印象中是解读鲁迅《答托洛茨基派的信》，虽然写得很幼稚、肤浅，而且是发表在内部报纸上，但毕竟算得上我的所谓处女作。我清楚地记得，有一天当我走进教学楼，见迎面的黑板上写着：ＺＹＱ到系办公室领取稿费。短短的十几个字让我激动不已，那上面不仅有我的名字，而且写明了是领稿费。这在我们那届同学中可是独一无二的！课间的时候，我迫不及待地跑到系办公室拿到了平生第一笔稿费：四块八毛钱。过后，我为自己的操之过急后悔不迭，如果晚取两三天，那条取稿费的短语在教学楼迎面的黑板上多留一段时间，不是让更多的同学看见吗？心急吃不了热火饭，大意失荆州呀！多好的一次免费宣传自己的机会就这样轻易丧失了。

我的第一篇印成铅字的文章就是与鲁迅有关。

毕业后参加工作，来到当时心中的"文学圣殿"——作家协会，尝试着从事创作研究。我记得第一篇完成得比较满意的文章是《论新时期文学对国民性的探索》，这其中还是与鲁迅的早年思想有关。其后，因国绥老师的原因，与中国鲁迅研究界的前辈多有了解、来往，读过许多他们的文章、著作。让我逐渐加深了对鲁迅的认识与理解。

我自己清楚，从业三十多年，也发表了一些作品，之所以至今一事无成，一个重要的原因是自己写的东西太杂，兴之所致，涉略较广。我的一位老师指点我："将军赶路，不打小兔。你什么都写，很难在某一个领域出彩。"老师是恨铁不成钢，学生至今不成器，辜负了他的厚望。但是性格即命运，自己散漫成性，不求上进，从来对自己缺乏设计，把名利看得比较淡。文学对于我，就是爱好，就是兴趣，喜欢就写，不喜欢绝不应景，从来不想那么多。

写关于鲁迅的文章也纯粹是出于兴趣，有话想说。几年前我去了两次绍兴，突然心里就冒出一个想法，晚年鲁迅为什么不回故乡？带着这个疑问我回来写了一篇文章，在报纸杂志刊登，没想到上百家媒体竞相转载。这之后便陆陆续续写成了书中的这些文章。

实事求是地讲，由于种种原因，在相当一个时期，鲁迅离自己的本来面目越来越远，在某种程度上他成了精神教主和被人利用的工具，鲁迅被神化了，神是完美无缺的、不容怀疑的，以至现在的一些年轻人产生了逆反和远离，你说得越完美我越不相信，我不敢怀疑，但我可以远离。

其实，鲁迅是希望速朽的，希望人们尽快忘掉他，但是鲁迅的价值、魅力并没有因为时代的进步而过时，他批判过的东西、揭露过的东西今天不是少了，有些方面反而更多了、更严重了。我以为，只要社会丑恶还存在、只要社会还存在着不平等不公正，鲁迅的声音就会存在，鲁迅的价值就会体现！

我认为，我们研究鲁迅的前提，首先要还原鲁迅，要讲真话，一个真实可信、有血有肉、有情有义的鲁迅才是我们最需要的。

时代的进步应该让人们有更多的话语权，今天，你可以喜欢鲁迅、爱护鲁迅、捍卫鲁迅，也可以无视鲁迅、质疑鲁迅、批评鲁迅，这无疑就是一种进步。我认为，把鲁迅还原为一个真实的普通人，以平视的角度观察，而不是仰视，把他当作神坛上的人物；更不是俯视，拿着放大镜寻找他身上的毛病，而是以平常人的心态分析，这样才能走近鲁迅，理解鲁迅。

书中的文章力求有一些自己的新论，如果人云亦云，就大可不必再说。自然，有些观点可能会引来一些争议，但就我水平，只能如此了。

刘大枫教授近年旅居国外，他看过书稿，写来热情洋溢的信，对我多加鼓励。他说本书：

一、写常人，而非写圣人；着眼于生活细事，家长里短。

二、材料丰富翔实，烂熟于心，而非避实就虚，空泛敷衍。人物、事件的介绍和叙述合情入理，与读者的思路吻合。

三、叙述中夹有议论，从常识出发，从常人的思维出发，有理有据地提出与学界不同的看法，甚至质疑当事人言论的正误虚实，而非仅从书本出发，从既有结论出发，奉尊者所言为圭臬。

四、难得的人文情怀、情感倾向，使人感到了人性的温度，尤其体现于对朱安的论述中。

刘教授是我引以为师、持论公正、有独立见解的学者。之所以引用先生的话，是因为他认真读过本书并给予我许多信心与鼓励。

我心中敬佩的作家李晶老师多次督促我将书稿修订完善，并积极帮助联系出版，她的正直无私、坦率真诚，让我心怀感念，我以身边有这样一些老师、朋友而感到骄傲。

特别要提到的是鲁迅研究专家陈漱渝先生，在近三十年的交往中使我大受教益，他认真阅读书稿，逐篇逐句地提出修改意见，直言不讳地亮明观点，指出书中的不足，让我非常感动。

素不相识的本书责编全秋生先生在出版过程中付出了大量心血，他认真负责的态度和忘我敬业的精神深深地感染了我。

应该感谢的朋友还有很多，书中的文章大多在全国的报刊发表，不少朋友抬爱捧场，拿出难得的版面让拙文面世，对他们的热情帮助，我心里始终感念至深。

在此，由衷地对这些老师、朋友说一句：谢谢你们了！

张映勤

2018 年 7 月 27 日记于津

图书在版编目（ＣＩＰ）数据

鲁迅新观察 / 张映勤著. -- 北京 ： 中国文史出版
社，2018.11
　ISBN 978-7-5205-0800-1

　Ⅰ．①鲁… Ⅱ．①张… Ⅲ．①鲁迅研究－文集 Ⅳ.
1 I210-53

中国版本图书馆 CIP 数据核字(2018)第 261813 号

责任编辑：全秋生
封面设计：徐　晴

出版发行：中国文史出版社
地　　　址：北京市海淀区西八里庄路 69 号　　邮编：100142
电　　　话：010－81136602　　81136603　　81136606 （发行部）
传　　　真：010－81136655
印　　　装：廊坊市海涛印刷有限公司
经　　　销：全国新华书店
开　　　本：787×1092　　1/16
印　　　张：14.75　　字数：220 千字
版　　　次：2019 年 3 月北京第 1 版
印　　　次：2019 年 3 月第 1 次印刷
定　　　价：45.00 元